キャリア教育に活きる!

センパイに聞く

仕事ファイル

26

エンタメ
の仕事

テーマパークスーパーバイザー
舞台衣裳スタッフ
映画配給会社宣伝
音楽フェスグッズ企画
インターネットテレビ局
チャンネルプロデューサー
チケット仕入営業

小峰書店

小峰書店 編集部 編著

㉖ エンタメの仕事

Contents

File No.145

テーマパーク
スーパーバイザー ·········· 04

石川みなみさん／オリエンタルランド

File No.146

舞台衣裳スタッフ ·········· 10

藤原未来さん／宝塚舞台

File No.147

映画配給会社宣伝 ·········· 16

神通絵里花さん／ギャガ

File No.148

音楽フェスグッズ企画 ······ 22

奥村明日歌さん／
クリエイティブマンプロダクション

File No.149

インターネットテレビ局
チャンネルプロデューサー 28

山本剛史さん／AbemaTV

File No.150

チケット仕入営業 34

水野りなさん／ぴあ

仕事のつながりがわかる
エンタメの仕事 関連マップ 40

これからのキャリア教育に必要な視点 26
夢の仕事に就くために 42

さくいん 44

※この本に掲載している情報は、2020年4月現在のものです。

テーマパーク スーパーバイザー

Theme Park Supervisor

オリエンタルランド
石川みなみさん
入社7年目 30歳

> 訪れた人がすてきな
> 時間を過ごせるように
> 笑顔で案内します！

お客さんが楽しく安全に過ごせるように、テーマパークではどんな人がどんな仕事をしているのでしょう。東京ディズニーリゾートを運営するオリエンタルランドのアトラクション運営部でスーパーバイザーをつとめる、石川みなみさんにお話をうかがいました。

Q テーマパークスーパーバイザーとはどんな仕事ですか?

「スーパーバイザー」というのは、管理する人という意味です。私の働いているオリエンタルランドという会社では、乗り物やパレードといったアトラクションを管理し、リーダーとしてそこで働くキャスト(スタッフ)をまとめる責任者を、スーパーバイザーと呼んでいます。

オリエンタルランドは、千葉県浦安市にある「東京ディズニーリゾート」を運営しています。東京ディズニーリゾートには「東京ディズニーランド」と「東京ディズニーシー」というふたつのテーマパークがあり、私は東京ディズニーシーの「ソアリン:ファンタスティック・フライト」というアトラクションでスーパーバイザーをしています。

「ソアリン:ファンタスティック・フライト」は、「空を飛ぶ」ことをテーマにしたアトラクションです。世界中の名所や大自然をめぐる空の旅を楽しむことができます。私の仕事は、このアトラクションを楽しみにきたゲスト(お客さん)に思い切り楽しんでもらえるようにサポートすることです。そのために、乗り物の安全管理をしたり、キャストへの指導をしたりしています。

キャストはみんな、「どうしたらもっとゲストに喜んでもらえるか」を考えて働いていますが、具体的にどう行動したらよいかわからないことがあります。そんなキャストにアドバイスをするのが、スーパーバイザーである私の重要な役目のひとつです。

ゲストを笑顔にする対応ができたキャストに、「ファイブスターカード」を渡す石川さん。

Q どんなところがやりがいなのですか?

ゲストの幸せの瞬間に立ち会えることです。例えば、東京ディズニーリゾートに連れてきてくれたおじいちゃんに、お孫さんが「ありがとう!」とお礼を言う場面や、カップルのプロポーズ、お誕生日のお祝いなど、毎日たくさんの幸せや感動の場面を目にすることができるんです。そんなときは、「写真をお撮りしましょうか?」とか、「お誕生日、おめでとうございます!」と、声をかけます。すると、みなさんに笑顔が広がり、私まで幸せを分けてもらえます。こうした気持ちを毎日味わえるのがこの仕事の魅力であり、やりがいです。

また、指導したキャストが、すばらしい対応でゲストの笑顔を引き出している場面を見かけると、がんばっているなと、私までうれしくなります。東京ディズニーリゾートには、よい対応ができたキャストに「ファイブスターカード」というカードを渡し、行動を称える制度があります。このカードを渡して成長をいっしょに喜び合えたとき、スーパーバイザーとしてのやりがいを感じます。

石川さんのある1日(朝番)

06:00	出社。パーク全体の連絡事項を確認
06:30	担当アトラクションの安全を点検後、乗り物の電源を入れて、動きに問題がないか安全を確認する
07:15	キャスト朝礼
07:30	アトラクションの最終点検
07:45	開園。ゲスト対応開始
12:00	午前中の運営状況を日誌に書き、午後の担当者に引きつぐ
12:30	ランチ
13:30	キャストの勤務時間を調整。キャストからの悩み相談にのることもある
14:30	退社

Q 仕事をする上で、大事に　している事は何ですか？

つねに笑顔で、ゲストとコミュニケーションをとることです。ゲストの前では、私はアトラクションのスーパーバイザーではなく、あくまでひとりのキャストです。どんなときでもそれを忘れず、すてきなキャストとして、笑顔で対応できるように心がけています。

また、スーパーバイザーは、キャストが仕事に取り組みやすい環境をつくることも重要な役割なので、相談しやすい上司でいようとつとめています。いっしょにランチをとるときなどは仕事以外の話も積極的にして、仲間としてのきずなを深めることを大切にしています。

ゲストとハイタッチする石川さん。「ゲストの笑顔が、私の笑顔の源になっています」

Q なぜこの仕事を　目指したのですか？

小さいころから、人と話をすることや、人の笑顔を見るのが好きでした。いつしか「世界中の人たちと出会って、みんなを幸せにしたい」という夢をもつようになっていました。

とはいえ、全世界の人と出会うというのは現実的に難しいことです。どうしたらよいのだろうと考えたとき、毎日たくさん人が来るところで働けば、たくさんの人に会えると思いつきました。そこで毎日多くの人が集まり、みんなが幸せを感じている場所はどこかと探し、東京ディズニーリゾートが浮かびました。

大学や大学院では科学を学んでいたので、研究者になろうと思ったこともあります。しかし、中学生から大学生までずっと続けていた演劇で、舞台を観たお客さんの喜んでくれる姿を目にして、「やっぱり自分には、笑顔を生み出す仕事が向いている」と思い、入社を決めました。

Q 今までに　どんな仕事をしましたか？

入社1年目は、「トイ・ストーリー・マニア！」というアトラクションでキャストを担当し、ゲストへの接し方を学びました。その後、キャストの指導をする「トレーナー」となり、現在のスーパーバイザーになりました。

スーパーバイザーになって少し経ったころ、新しいアトラクションをつくる計画がもち上がりました。私は、数学が得意で、設計図を読み取ったり、アトラクションのシステムを理解したりすることもできたので、新アトラクションをつくるメンバーに選ばれました。

アトラクションの説明書を読んで仕組みを理解することから始め、どうしたらゲストがより楽しめるアトラクションになるかなど、アメリカのディズニー社の人ともミーティングを重ねていきました。こうして完成したのが、今私が担当している「ソアリン：ファンタスティック・フライト」です。

Q 仕事をする上で、難しいと　感じる部分はどこですか？

考え方や思いは人それぞれなので、そのキャストにとって正しいと思うやり方も、ほかのキャストやゲストから見ると「なぜだろう？」と感じてしまうことがあります。そんなとき、私はスーパーバイザーとして、指導しなければいけない立場なのですが、その方法に、いつも悩まされます。ただ注意するだけでは、相手の気持ちを否定することになってしまい、肝心なことが伝わりません。そのため、キャストの気持ちをよく聞きいて理解した上で、よりよい方法を伝えるように心がけています。

キャストの成長を思ってのことでも、指導する立場というのはつらいものです。しかし、スーパーバイザーとして、その役目はしっかり果たさなければと思っています。

キャストに指導する石川さん。「みんな自分の思いをもってゲストに向き合っているので、その気持ちを尊重することが大切です」

ゲストの質問に答える石川さん。「不安そうな顔に笑顔がもどってくると、私もうれしくなります」

Q これからどんな仕事をしていきたいですか？

より多くのゲストに笑顔になってもらうために、新しいアトラクションづくりに積極的に参加していきたいです。そして東京ディズニーリゾートを、さらに幸せにあふれた楽しい場所にできたらうれしいです。

また、もっとゲストとふれ合う時間をもちたいと思っています。スーパーバイザーになってから、ゲストの声を聞く機会が減ってしまったので、今後は、もっと上手に時間を使い、できるだけゲストの前に立つ時間を増やしたいです。

Q ふだんの生活で気をつけていることはありますか？

健康にはとくに気をつけています。テーマパークの仕事は、日によって働く時間帯が変わります。朝早くから働く朝番の日もあれば、夜おそくまで働く夜番の日もあり、生活リズムが乱れやすいのです。そのため、栄養バランスを考えて食事をしたり、睡眠をしっかりとるなどして体調を整え、いつでも笑顔でいられるように心がけています。

また、家族や友人、いっしょに働く仲間たちとコミュニケーションをとって、たくさん笑うようにもしています。たくさん笑うことで、仕事の疲れや悩みもふき飛び、「明日もがんばろう！」と思うことができるからです。

無線

スマートフォン

PICKUP ITEM

「ソアリン：ファンタスティック・フライト」のキャストが着るコスチューム。ベストの柄は鳥の羽からデザインされている。無線は、キャストどうしが連絡を取り合うために使用。ゲストに園内の案内などをするときはキャスト用のスマートフォンを使い、公式アプリ※をいっしょに確認しながら説明する。

コスチューム

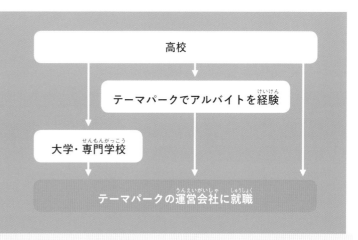

テーマパークで働くには……

テーマパークには、アトラクションの管理や、園内で行うショーの計画、グッズ製作、飲食提供などあらゆる事業があります。どの分野で働きたいかまずは考えましょう。その上で、観光学の学べる大学や専門学校に進み基礎的な知識を学んでおくと役に立つかもしれません。また、アルバイトとして働き、実績が認められると、正式に社員として採用されることもあるようです。

高校 → テーマパークでアルバイトを経験 → テーマパークの運営会社に就職

高校 → 大学・専門学校 → テーマパークの運営会社に就職

※ この本では、大学に短期大学もふくめています。

用語 ※ アプリ ⇒ アプリケーションソフトウェアの略。パソコンやスマートフォンで使用するもので、よく使われるアプリに、メッセージアプリや写真撮影アプリなどがある。

Q この仕事をするにはどんな力が必要ですか？

ゲストに「喜んでもらいたい」、「幸せになってもらいたい」と心から思うことができ、そのために何をすべきか自分で考えて動けるとよいです。そして、自分ができることを、精いっぱいやれる力があるとよいと思います。特別な力は必要ありません。人にはそれぞれ、ちがった才能があります。私は乗り物の仕組みを理解することが得意です。別のスーパーバイザーには、新しいアイデアを考えるのが上手な人もいます。ふたりの力が合わされば、よりよいものをつくることができるかもしれません。この仕事はチームワークです。チームで働くからこそ、足りない部分をおぎない合って、ひとりではできないことを生み出していくことができるのです。

Q 中学生のとき、どんな子どもでしたか？

小学生のころから宇宙に興味がありました。そのため、宇宙についてくわしく知りたくて、理科や数学の勉強ばかりしていました。代わりに国語や英語は苦手で、テストのときはいつも苦労しました。

ほかにも、演劇部での活動に夢中になりました。とくに中学3年生のとき、初めて舞台監督を経験したことは忘れられません。舞台監督は、全体のまとめ役です。よりよい舞台にするために、役者はもちろん、音楽や照明の担当などにも指示を出します。また、舞台の進行を管理して、指示を出す役目もあります。一度に多くのことをまとめるのは大変でしたが楽しかったです。あのときの経験は、今、活きています。

石川さんの夢ルート

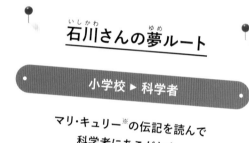

小学校 ▶ 科学者

マリ・キュリー※の伝記を読んで科学者にあこがれた。

▼

中学校 ▶ 教師

仕事と家庭を両立させている数学の先生にあこがれた。

▼

高校 ▶ 研究者

ひとつのことを深く調べて実験をするような仕事に興味をもった。

▼

大学・大学院 ▶ 研究者→テーマパークの仕事

理系の大学に進み、鉄の研究をした。やってみたいと思っていた研究者を経験できたこともあり、仕事は別のことをやってみたいと思うようになった。

中高一貫教育の学校だったため演劇部には6年間所属。大学でも続けるほどのめりこんだ。

当時読んでいた本。事件を解くミステリーやSF小説が好きだった。

ビーズのアクセサリーづくりにも一時期夢中に。ネックレスや指輪、マスコットなどをつくった。

用語　※ マリ・キュリー ⇒ 正式名は、マリア・スクウォドフスカ＝キュリー。ワルシャワ（現在のポーランド）出身の物理学者であり化学者。放射線の研究で、女性で初めてノーベル賞を受賞した。

Q 中学のときの職場体験は、どこに行きましたか？

私の中学校では、職場体験はありませんでした。その代わりに、地元の児童施設で、子どもたちといっしょに遊んだり、靴を洗ったりするボランティア活動がありました。

また、先生が、仕事について話をしてくれる機会もありました。私の学校の先生は卒業生が多かったので、先輩から話を聞くような感じで聞いていました。

Q ボランティア活動ではどんな印象をもちましたか？

児童施設では、人の役に立つことのうれしさを知りました。子どもたちの笑顔を見ると、私も幸せな気持ちになり、もっと何かしてあげたいと思ったのを覚えています。

先生の話からは、家族や友だちと過ごす時間が、仕事をするための力になることを教わりました。なかでも、数学を教えてくれていた女性の先生は、結婚して子どもを育てながら教員をしていたのですが、家族がいるから仕事をがんばれると話していました。家族と仕事の両方を大事にしている姿はかっこよく、結婚したり、子どもが生まれたりしても、社会で活躍することができるんだと、同じ女性としてあこがれたのを覚えています。

Q この仕事を目指すなら、今、何をすればいいですか？

好きなことを好きなだけ勉強することです。私は大学院まで、大好きだった宇宙や科学の勉強ばかりしていました。そのため、この仕事に就いたときは、今まで学んできた知識は役に立たないと思っていました。しかし、実際に働いてみると、アトラクションの仕組みを理解するためには、科学の勉強の基礎となる数学の知識が必要でした。このように、何がどう役立つかわからないものです。

テーマパークで働くために何かするのではなく、自分の得意を活かして仕事ができるよう、好きなことはとことん追求してください。

ゲストの幸せな瞬間に立ち会える夢の世界をつくっています

－ 今できること －

ふだんの暮らし

テーマパークでは、来園者に楽しい時間を過ごしてもらうことをいちばんに考えなくてはいけません。自分の機嫌によって相手への態度を変えたり、自分本意な考え方で相手にいやな思いをさせたりしていないか、ふだんの行動をふりかえってみましょう。また、テーマパークには、はば広い世代の人がやってきますので、その人にあった話し方や対応ができるよう、さまざまな人と話す時間を積極的につくりましょう。飲食店では、お店の人の対応に注目してみるのもよいでしょう。

国語
テーマパークで働く従業員は、お客さんへの気づかいはもちろん、言葉づかいのていねいさも大切です。コミュニケーション能力を養うとともに、尊敬語、謙譲語、丁寧語を覚え、正しく使えるようになりましょう。

体育
長時間、立ちっぱなしで園内を動きまわることが多く、疲れていても表情に出してはいけません。運動にはげみ、基礎体力を身につけておきましょう。

英語
テーマパークのお客さんには海外から来る人もたくさんいます。英語を学び、だれに話しかけられても対応できるようになりましょう。また、海外のアトラクション事情をインターネットで知るためにも英語が必要です。

舞台衣裳スタッフ

Stage Costume Staff

宝塚舞台
藤原未来さん
入社10年目 30歳

舞台に立つスターを
はなやかにいろどる
衣裳にたずさわります

「宝塚歌劇団」は、1914年に生まれ、100年以上の
歴史をもつ劇団です。舞台の出演者がすべて女性
で、ロマンティックな舞台演出やはなやかな衣裳で
人気を集めています。舞台衣裳の製作と運用を担
当する、藤原未来さんにお話をうかがいました。

私は、宝塚舞台という会社の衣裳課で、宝塚歌劇の舞台衣裳に関わる仕事をしています。

宝塚歌劇団（宝塚）には、花・月・雪・星・宙の5つの組があって、それぞれの組に80名ほどが在籍しています。男性の役は「男役」と呼ばれる女性が、女性の役は「娘役」と呼ばれる女性が演じます。公演は組ごとに行われていて、全国のさまざまな地域で年間約1400回もあるんですよ。

公演は、2部構成となっていることがほとんどです。第1部は、物語を歌とダンスを交えて演じる「ミュージカル」、第2部は、歌とダンスを中心とする「ショー」です。衣裳は、ミュージカルやショーの内容に合わせて公演ごとにつくります。ひとつの公演で、準備する衣裳は約600着。服やぼうし、靴はもちろん、トップスター※が背負う大きな羽根も、デザイナーが描いたデザイン画をもとにつくっていきます。舞台上でライトを浴びたときにきれいに見える布を選んだり、ダンスで回転したときにスカートのすそが美しく広がるように布を切ったりと、さまざまな工夫をこらします。

宝塚舞台の衣裳課には、もうひとつ重要な仕事があります。それは公演中の衣裳の早着替えの手伝いです。出演者は、舞台の場面が変わるまでのわずかな時間に、衣裳をすばやく着替えます。短いときは1分ほどで、衣裳から髪型まで変えなくてはいけません。舞台はどんどん進んでいくので、おくれることはできません。ひとつの公演ごとに約15人のチームを衣裳課で組んで、舞台を裏で支えています。

自分がたずさわった衣裳が舞台で使われているのを見たときや、衣裳の早着替えがうまくいって、無事に出演者を舞台に送り出せたときは、やりがいを感じます。

衣裳は、公演ごとに物語やダンスの内容に合わせて準備しますが、舞台稽古で出演者が着用した姿を演出家が見ると、衣裳のイメージが合わないということもあります。そんなときは、本番までの残り時間が少ないなか、衣裳課のみんなで協力して、希望に沿うように仕上げます。OKが出ると、とても達成感がありますね。

舞台を成功させるには、早着替えがうまくいくことが欠かせません。公演初日前の舞台稽古では必ず、早着替えがうまくいくかどうかを確認します。確認の結果、時間に間に合わないときは、より早く着替えられるように、衣裳にさらなる工夫をして対応します。

公演の内容は1か月から1か月半で変わります。そのたびに新しい衣裳をつくるので大変ですが、ドレスや着物、タキシードなど、毎回さまざまな衣裳にたずさわれるので、わくわくします。

衣裳の製作に取り組む藤原さん。作業内容によって、ミシンと手縫いを使い分けている。

藤原さんのある1日（公演のある日）

09:00	出社
09:30	次の公演で使う衣裳の製作
10:30	舞台で使う衣裳や小物などをそろえて、公演の準備をする
11:00	1回目の公演開始。舞台の裏で出演者の早着替えをサポート
14:00	1回目の公演終了。休憩
15:00	2回目の公演開始。舞台の裏で出演者の早着替えをサポート
18:00	2回目の公演終了。衣裳を確認して直したり、次の公演のための衣裳を製作したりする
18:30	退社

用語　※トップスター⇒トップスターは、各組で公演の主役を演じる男役のこと。ヒロイン役をつとめる娘役は、「トップ娘役」とよばれる。トップスターは、公演の最後に大きな羽根の飾りを身につけるが、その大きさは魅力のひとつ。

Q 仕事をする上で、大事にしていることは何ですか？

出演者が舞台に落ち着いて立てるように、衣裳課としてできる限りのことをしようと心がけています。

例えば早着替えの手伝いのときは、出演者とよくコミュニケーションをとるようにしています。出演者ひとりひとりに、着替えるときの好みの手順やスピードがあります。早着替えを成功させるには、私と出演者が息を合わせなくてはいけません。そのためコミュニケーションをとって、やりにくいところや要望を聞いておくことが大事なのです。

また、公演は兵庫県にある宝塚大劇場と、東京宝塚劇場を中心に、全国各地で行われます。どの劇場でも、出演者がいつもと同じように早着替えができるよう、着替えの場所をつくることも私たちの大切な仕事です。

着物の着つけがある場合、すばやく着せられるようにあらかじめ練習しておき、舞台稽古と本番に臨む。

Q なぜこの仕事を目指したのですか？

昔から何かをつくることが好きな子どもでした。そのため、高校は裁縫や調理などの実習が充実した生活情報科に進みました。被服製作技術検定※にも挑戦し、洋裁と和裁のそれぞれで1級をとりました。ハリウッド映画にあこがれていたこともあり、高校卒業後は特殊メイクが勉強できる専門学校に進みました。でも、専門学校で学ぶうち、やはりものづくりをする仕事に就きたいと思うようになったんです。そこで先生に相談したところ、宝塚歌劇の舞台装置や小道具、衣裳などを手がける「宝塚舞台」を紹介してもらいました。

宝塚歌劇は観たことがありませんでしたが、はなやかで美しい世界というイメージは当時からもっていました。そのなかで働けるということにあこがれて、入社を決めました。

Q 今までにどんな仕事をしましたか？

今は、男役の人が着る衣裳の製作を担当していますが、新人のころは、ぼうしの製作を担当していました。ぼうしは頭のかたちに合うように、丸く縫わなければいけません。とくに、かたちがしっかりしたぼうしをミシンで立体的に縫うことが難しくて、慣れるまでは、本当に苦労しました。

早着替えの手伝いでも、これまでに覚えなくてはいけないことがたくさんありました。

宝塚歌劇の演目は、さまざまな地域や時代を舞台にしており、ドレスから着物の着つけまで、ひと通りこなせなくてはいけません。でも、私は着物の着つけをしたことがありませんでした。先輩たちに教えてもらって必死で覚えましたが、動いてもくずれず、着ている人が苦しくないような着物の着つけというのはなかなか難しくて、今も勉強中です。

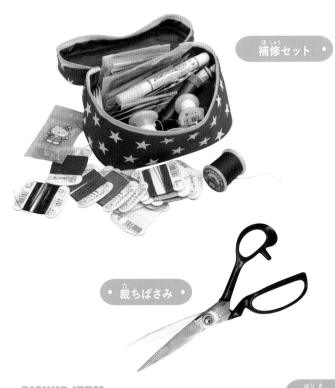

補修セット

裁ちばさみ

PICKUP ITEM

針刺し

補修セットには糸や安全ピンなどが入っており、公演中に衣裳がほつれたり、破れてしまったりしたときのために用意してある。針刺しには公演中、いくつも針を刺しておき、すぐに補修作業ができるようにしている。裁ちばさみは衣裳の生地を切るときに使う。

用語 ※ 被服製作技術検定 ⇒ 正式名は、全国高等学校家庭科被服製作技術検定。服づくりについての知識と技術、学習意欲を評価する。1〜4級まであり、プロを目指す人が受ける1級と2級は、洋服と和服で別々に検定が行われる。

Q 仕事をする上で、難しいと感じる部分はどこですか?

　いくら十分な準備をしていても、公演中には予想もつかないようなことが起きてしまうことがあります。そんなとき、あわてずに対応するのはとても難しいことです。

　例えば、本番中に突然、ファスナーがこわれて、上がらなくなってしまったとします。ファスナーが開いたままの状態で、出演者を舞台に出すわけにはいきません。急いで縫った方がよいのか、あるいは安全ピンで留めておけばのりきれるのか、すばやく判断しなくてはいけません。これまでの経験を頼りに対応しますが、絶対に大丈夫かどうかはだれにもわかりません。そのため舞台が無事に終わるまでは、一瞬も気がぬけませんね。

　同じ公演でも、舞台というのは毎回ちがいます。さまざまな事態に対応できるようになるには、ひたすら経験を積むしかありません。先輩にアドバイスをもらうこともありますが、自分自身の体験から学ぶことが、自信につながると感じています。何があっても動じない、強い気持ちで本番をむかえられるように、これからも経験を積んでいきたいです。

衣裳課の仲間といっしょに作業を進める藤原さん。「仲間と協力すれば、どんなに大変な作業ものりこえられます」

安全ピンは、公演中のトラブル対応や、ふだんの衣裳製作にも活用している。

Q ふだんの生活で気をつけていることはありますか?

　衣裳課の仕事では、はさみやミシンなど使い方をまちがえると、けがにつながるものをあつかいます。また、衣裳をつくるときも早着替えの手伝いをするときも、集中力と体力が必要です。そのため、いつも早めに寝て、疲れを翌日に残さないように心がけています。また、風邪を引いて、出演者にうつすわけにはいかないので、しっかりと予防をしています。

　まとまった休みがとれたら、海外旅行に行ってリフレッシュします。休日を楽しむことができると、その分、仕事もがんばることができるので、メリハリを大事にしています。

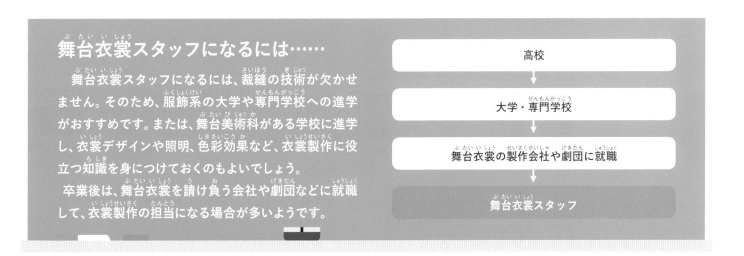

舞台衣裳スタッフになるには……

　舞台衣裳スタッフになるには、裁縫の技術が欠かせません。そのため、服飾系の大学や専門学校への進学がおすすめです。または、舞台美術科がある学校に進学し、衣裳デザインや照明、色彩効果など、衣裳製作に役立つ知識を身につけておくのもよいでしょう。

　卒業後は、舞台衣裳を請け負う会社や劇団などに就職して、衣裳製作の担当になる場合が多いようです。

高校
↓
大学・専門学校
↓
舞台衣裳の製作会社や劇団に就職
↓
舞台衣裳スタッフ

Q これからどんな仕事をしていきたいですか？

演目によって、ドレスから着物まで、さまざまな衣裳がありますが、私にはまだつくったことのない衣裳がたくさんあります。そのため、もっとさまざまな国や時代の服装について、知識を身につけたいです。

日本を舞台にした演目でも、現代なら洋服、平安時代なら十二単と、時代背景によって、服の種類や使用する生地が変わってきます。宝塚歌劇の演目には、フランスやロシア、アメリカ、インド、中国などを舞台としたものもあるので、知識はいくらあっても足りません。これからも新しい作品に出合うごとに知識を深めていきたいです。

「今まで学んできた知識や経験を、後輩たちに伝えていきたいです」

藤原さんの夢ルート

小学校 ▶ 陶芸家

ものをつくることが好きだった。

▼

中学校・高校 ▶ 特殊メイクアーティスト

ハリウッド映画にあこがれた。
人の顔を別人のように変える
特殊メイクに興味をもった。

▼

専門学校 ▶ 舞台に関わる仕事

特殊メイクに合わせた
全身コーディネートをしていく上で、
小道具や衣裳づくりにも興味をもった。

Q この仕事をするにはどんな力が必要ですか？

何より必要なのは、「つくることが好きだ」という気持ちだと思います。私は、子どものころから何かをつくることが好きでしたが、けっして裁縫が得意なわけではありませんでした。続けていくうちに上達できたのは、ものづくりが好きだったからです。「好き」という気持ちがあれば、技術は後からついてくるものだと思います。

また、衣裳課の仕事は、公演中に予想外のことがあったとき、すばやく対応できる判断力が求められます。対応が思うようにできなかったときも、気持ちをすぐに切りかえて、集中することが必要です。

こうした力は現場で経験を積むことでついてくるものです。まずは、「つくることへの興味」を大切にするのが、いちばん大事なことだと思います。

Q 中学生のとき、どんな子どもでしたか？

中学校では、吹奏楽部に所属していました。トランペットを担当して、夏休みに行われるコンクールに向けて練習する毎日でしたね。とにかく、部活や学校行事が楽しくて、夢中になって取り組んでいたことを覚えています。今の仕事もそうですが、みんながひとつになってがんばることが好きなんだと思います。

正直、勉強にはあまり熱心ではありませんでした。宿題はきちんとこなしていましたが、それ以上の努力はしていなかったです。好きなことに夢中だったので、後悔はしていませんが、舞台衣裳をつくるときには歴史の知識が必要なときもあるので、中学生のうちから興味をもって、勉強しておけばよかったなと思います。

吹奏楽部での1枚。夏休み中は、コンクールに向けて、とくに練習に打ちこんだ。

Q 中学のときの職場体験は、どこに行きましたか？

2年生のときに1週間、「トライやるウィーク」といって、中学校の近くのドラッグストアへ行って、仕事を見学させてもらいました。また、3年生のときには、さまざまなメイク技術を学べる専門学校のオープンキャンパス※に参加しました。自分で連絡して、訪問の許可をとったことを覚えています。私は特殊メイクに興味があったのですが、なかなかその分野の職場が見つかりませんでした。そこで、専門学校のオープンキャンパスに参加することにしたのです。

Q 職場体験ではどんな印象をもちましたか？

2年生のときに行ったドラッグストアでは、商品の並べ方や説明書きが工夫されていて、お客さんが気持ちよく買い物できるように、お店がさまざまな努力をしているのだと知りました。

3年生のときに参加した専門学校のオープンキャンパスでは、そのころいちばん興味があった、特殊メイクが完成するまでを見学できて楽しかったです。メイク体験の時間には、簡単なことしかできませんでしたが、「こんなふうに、好きなことを仕事にしたい」という気持ちが強くなりました。

Q この仕事を目指すなら、今、何をすればいいですか？

中学校の家庭科では、裁縫の基礎を学ぶ時間があります。実際に服や小物をつくることもあると思うのですが、布を裁ち、ミシンをかけるところまで、衣裳課の仕事に欠かせない技術がぎゅっとつまっています。楽しみながら、知識と技術を身につけてほしいです。

また、衣裳課の仕事に限ったことではありませんが、コミュニケーション能力は重要です。そのなかでも、目上の人への言葉づかいは、急に身につけられるものではないので、中学生のころから意識しておくとよいと思います。お手本となる人を見つけて、学んでおきましょう。

出演者が早着替えできるように舞台の裏でいつも支えています

– 今できること –

ふだんの暮らし
舞台衣裳は、舞台に立つキャストを引き立たせ、スムーズに演技ができるようにつくられています。舞台を観に行き、衣裳を着たキャストが照明にあたるとどのように見えるのか、激しく動いたりおどったりできるのはなぜなのかなど、衣裳にかくされた工夫を探してみましょう。

また、学校に演劇部がある場合や、文化祭などの行事で劇に挑戦する機会があれば、衣裳係に挑戦するとよい経験になるでしょう。

国語
衣裳は多くの人が関わり、意見を出し合ってつくられます。コミュニケーション能力をみがき、相手の意見をよく聞いた上で自分の意見を伝えることは重要です。

社会
さまざまな国や時代の舞台衣裳を手がけられるように、世界の歴史や文化について学んでおきましょう。

美術
衣裳にひと工夫するためには、技術だけではなくアイデアが必要なときもあります。美術作品を見たりつくったりして、発想力や想像力を養いましょう。

家庭科
手縫いの方法や種類、ミシンのあつかい方を学びましょう。また、服にはどういった素材が使われているのかも調べてみましょう。

用語　※ オープンキャンパス⇒大学や専門学校などが、入学希望者に対して行う校内見学会。

映画配給会社宣伝

Film Distribution Marketing Planner

ギャガ
神通絵里花さん
入社7年目 29歳

映画をつくった人たちの
想いに応えるために
ヒットさせる方法を
考えます

映画配給会社は、映画の製作会社から作品を買いつけ、買いつけた作品を映画館に提供しています。そして、作品をより多くの人に観てもらうための宣伝も行います。映画配給会社のギャガで宣伝を担当する、神通絵里花さんにお話をうかがいました。

映画宣伝とは　どんな仕事ですか？

映画というのは、どんなにすばらしい作品でも、それだけでは多くの人に観てもらうことはできません。「今度こんな魅力がある映画を、ここの映画館で上映します！」というように宣伝をすることで、初めていろいろな人に知ってもらうことができるんです。人に映画を観てもらうための、宣伝方法を考えるのが映画宣伝の仕事です。

映画には、海外でつくられた外国映画と、国内でつくられた日本映画があります。なかでも外国映画には、大きく分けて2種類あります。ひとつは、アメリカのハリウッドに制作部門がある、大手の会社がつくった「メジャー映画」、もうひとつは、比較的小さな規模の会社がつくった「インディペンデント映画」です。ギャガがあつかっているのは、おもにインディペンデント作品です。一方、日本映画の場合は、映画をつくるところから関わることもあります。

仕事の流れは、まず映画のバイヤーが、世界中で開催される映画祭や、映画を売る市場などに行ってヒットしそうな作品を選び、日本で上映する権利を買ってきます。そして上映する映画館が決まったら、私たち宣伝担当が、テレビや新聞や雑誌といったマスコミの人たちに売りこみます。その方法として、マスコミ試写会を開き、映画を一般公開する前に観てもらって感想をメディアで伝えてもらったり、ポスターやチラシ、予告編などをつくって紹介してもらったりします。また、映画に出演している俳優や監督に、宣伝のためにイベント出てもらったり、劇場での舞台あいさつの計画を立てたりもしています。

会社に来た人にも知ってもらえるように、担当作品のポスターを、社内にもはって宣伝する。

Q　どんなところが　やりがいなのですか？

どんな映画にも、つくった人たちの熱い想いがこめられていて、作品それぞれに魅力があります。その魅力をどう伝えれば、より多くの人に観てもらえるのか、ヒットする方法を考えるのが宣伝担当としての腕の見せどころです。

例えば、モンスターにおそわれそうな恋人を、主人公が助ける映画があったとします。この場合、人によって、ラブストーリーだと感じたり、アクション映画だと感じたりすると思います。そんなとき、「この作品は若い人に人気が出そうだから、ラブストーリーとして宣伝しよう」とか、「今は、スカッとする映画が人気だからアクション映画として売り出そう」などと方向性を決めて宣伝します。

宣伝によって映画がヒットしたときは、つくった人の想いにようやく応えられたと、ほんとうにうれしく思います。

試写会に来たマスコミの人に、映画のチラシを渡す神通さん。テレビや雑誌にマスコミの人たちの感想がのれば、それが映画の宣伝になる。

神通さんのある1日

09:30	出社。ニュースとメールのチェック
10:00	宣伝イベントの打ち合わせ
12:20	ランチ
13:00	マスコミ向け試写会の立ち会い
16:00	タイアップ※先の会社と打ち合わせ。その会社の製品と映画の両方の魅力を伝えるための方法を話し合う
17:30	会社にもどり、イベント用の資料づくり
19:00	事務作業
20:00	退社

用語　※ タイアップ ⇒ちがう業種の会社と会社が、おたがいの商品を利用し合って、ともに知名度を上げる宣伝方法のひとつ。

「映画を観ることが仕事になりましたが、私にとって映画は今も心をリフレッシュしてくれるものです」

Q 仕事をする上で、大事にしていることは何ですか？

「直感」と「客観」のバランスを大切にしています。直感とは、お客さんになったつもりでポスターやチラシを見て直感的に「いいな！」と思うか、予告編を観て映画を観たくなるかどうかです。一方、客観とは、作品の内容や過去のデータなどをもとに、自分の考えている宣伝方法が、本当に最適なものなのかを分析して考えることです。

学生時代は、自分と似た考え方の友だちと集まって生活し、自分のものさしで物事を判断していました。でも、社会人になってからは、自分の意見を大事にしつつも、より他者の目線で考えるようになりました。多くの人が観るものを宣伝する仕事では、これは大切なことだと思っています。

Q なぜこの仕事を目指したのですか？

もともと映画を観るのが好きだったからです。小さいころは、よく母に地元の映画館へ連れて行ってもらいました。約2時間の上映時間のなかで、知らない世界を体験できるのが楽しくて、いつも夢中になって観ていました。

また、大学時代にカナダに語学留学したことも、この仕事を目指すきっかけになりました。カナダでは毎週水曜日は5ドル（約400円）で映画を観られたので、毎週のように映画館に通っていました。ちがう国のちがう環境で暮らしている人たちが感動を分かち合えるところに映画の力を感じ、観る側から届ける側になりたいと思うようになりました。

そんななか、『ウォールフラワー』という映画の予告編に出合い、衝撃を受けました。短い予告編のなかに、この作品が描こうとした青春のはかなさと、きらめきがつまっていました。予告編だけでこんなにも、本編を観たいと思えるものなのかと思い、映画の宣伝に興味をもつようになりました。

Q 今までにどんな仕事をしましたか？

会社に入ってすぐ、映像配信サービス※の会社に、ギャガの作品を売りこむ仕事をまかされました。新人でしたが、重要な打ち合わせにも参加して、映画という商品を買ってもらうための方法を覚えました。

商品を売るためには、その商品についていちばんよく知らなければなりません。私もギャガが権利をもち、売ることのできる約300本の映画の内容や特徴を徹底的に調べました。そして、先輩に教わりながら、「歴代のアカデミー賞受賞作品」や「サメが出てくる恐怖の映画作品」など、観る人に興味をもってもらえそうな特集を企画し、映像配信サービスの会社に売りこみました。自分の出した提案が、大きな金額の契約につながったときは本当にうれしかったです。

デスクで情報収集する神通さん。宣伝用の資料をつくるために、調べものが長時間におよぶことも。

©2013 Summit Entertainment, LLC. All Rights Reserved.

ウォールフラワー
Wall flower

神通さんが映画の宣伝に興味をもつきっかけとなったアメリカ映画の『ウォールフラワー』。「当時は、この作品がギャガの配給映画と知らなかったので、不思議な縁を感じます」

Rollbahn

・ノート・

PICKUP ITEM

宣伝に使えそうなアイデアをメモしたり、打ち合わせで決めたことを忘れないようにまとめたりと、重要なことすべてを書きこんでいる大切なノート。

用語　※ 映像配信サービス ⇒ 映画やドラマ、ニュースやスポーツなどの映像をインターネットで配信するサービス。Amazon プライムビデオや Netflix など、さまざまな会社が行っている。

Q 仕事をする上で、難しいと感じる部分はどこですか?

日本では1年間に1000本以上もの映画が公開されています。たくさんある映画のなかから、自分が担当する映画をお客さんに選んで観てもらうのは、簡単なことではありません。世の中の流行を調べたり、観てほしいターゲットを決めたりして、宣伝方法を考えていますが、本当にそれが正しいのかは、わかりません。正解がないことが難しいところです。

作品の個性を引き出せているか、おもしろさをしっかり伝えきれているかを、つねに自分に問いかけながら仕事をするようにしています。

Q ふだんの生活で気をつけていることはありますか?

雑誌を読んだりテレビを観たりするときは、今人気の俳優やお笑いタレント、また、これから話題になりそうな有名人をチェックして、メモをとっています。そして、「次の映画の日本語吹き替え版キャストは、この人にお願いしたらどうかな」とか、「あの人をこの映画の宣伝イベントに呼んだら、話題性がありそうだな」などのように、仕事につなげて考えるようにしています。

また、イベントは日本全国で行うので出張が多くて、体力がいる仕事です。そのため、休日はできるだけ体を休めるように心がけています。家にいても、結局、映画を観ているのですが、非日常の世界を楽しむことで心も休まり、新たな気持ちで仕事に臨むことができます。

Q これからどんな仕事をしていきたいですか?

現在、私は映画の宣伝担当として、宣伝プロデューサーの補助をする仕事をしています。宣伝プロデューサーは、宣伝方法の方向性や、それに対する予算のかけ方など、宣伝にまつわるすべてのことを決めてリードしていく、現場監督のような存在です。

私も以前、『テルマ』というノルウェーが舞台のホラー映画で、初めて宣伝プロデューサーをまかされました。当時は休みの日も仕事のことばかり考えてしまうほど、熱心に作品の研究をし、悩みながらもやりとげることができました。「もっとこうすればよかった」など、反省点もありますが、自ら宣伝チームを動かしたことで、作品への想いや、お客さんに観てもらえたときの感動は何倍にもふくらみました。

また宣伝プロデューサーという立場で仕事をし、経験を積みたいです。

できあがった宣伝用のチラシをチームでチェックしつつ、次に予定しているイベントについて打ち合わせる。

映画配給会社宣伝になるには……

映画配給会社で宣伝担当になるためには、まずは映画配給会社に採用されなければなりません。大学や専門学校で、テレビや雑誌といったメディアを使った映画の宣伝方法や、消費者の行動を学ぶマーケティングについて学んでおくと就職に役立ちます。また、会社によっては学生のアルバイトを募集しているところもあるので、実際に仕事を経験しておくとよいでしょう。

高校
↓
大学・専門学校
↓
映画配給会社に就職
↓
映画配給会社の宣伝担当

Q この仕事をするにはどんな力が必要ですか？

この作品を観てくれそうなお客さんは、どんな年代のどんな人か、お客さんは映画に何を期待して観に来ているのかなどを想像する力です。

また、次にしなければいけないことを見こして、どの作業をいつやるか、つねに一歩先を見て仕事をする力も重要です。「映画宣伝」というと、出演者と話をしたり、テレビ局や雑誌の取材につきそったりなど、はなやかなイメージがあるかもしれません。しかし、実際には地道な作業の連続です。会議で発表する資料をつくったり、イベントに出席する出演者の予定をおさえたりなど、やることは山のようにあります。しかも、いつも2〜3本の映画宣伝を同時に進めているので、先を見通し、優先順位をつけて考えて行動することが大切なんです。

神通さんの夢ルート

小学校 ▶ 美容師

美容師の祖母が化粧品店を営んでいて、よくいっしょに店番をしていたため。

▼

中学校 ▶ 編集者

ファッション雑誌が好きで出版社に入って雑誌がつくりたかった。

▼

高校 ▶ 雑貨のバイヤー

雑貨が好きになり海外から買ってきて日本の人に届けるバイヤーに興味をもった。

▼

大学 ▶ とくになし

いろいろな職業があることを知り、何を仕事にすればよいか迷っていた。

Q 中学生のとき、どんな子どもでしたか？

小さいころから映画が好きで、中学時代もたくさんの映画を観ていました。また、雑誌を読むのも好きだったので、芸能雑誌の読者モニターに登録して「このページの、ここがよかったです」などと感想を書き、編集部に送っていました。ファッションにも興味があったので、なかなか地元では手に入らない雑誌を、わざわざ取り寄せて読んでいました。そして、雑誌のなかから気になる洋服を見つけては切りぬいて、ノートにまとめていたのを覚えています。

学校ではバドミントン部に所属し、部活中心の毎日を送っていました。好きだった教科は英語と美術です。中学時代に英語にふれて好きになったことが、大学時代にカナダへの留学につながりました。

今になって、もっと力を入れておけばよかったと思うのは、歴史の勉強です。映画には、過去の時代や社会的背景をもとにした作品が多いので、日本や世界の歴史を掘り下げて勉強していれば、さらに深く作品世界を理解できると思うからです。

バドミントン部の練習に力を注いだ中学生時代の神通さん（右）と先輩。「先輩と後輩の関係がとてもよい部活だったので、楽しくがんばることができました」

気に入った洋服や小物を雑誌から切りぬいてまとめた自作のノート。ブランド名や値段も書きこんである。

Q 中学のときの職場体験は、どこに行きましたか？

中学1年生のときに、地元の花屋さんで1日だけ、職場体験をした記憶があります。花の仕入れ作業を手伝ったり、店頭で「いらっしゃいませ」と接客をしたりしました。

Q 職場体験ではどんな印象をもちましたか？

私の祖母はもともと美容師で化粧品店を経営していました。私も祖母のお店に遊びに行っては、いろいろなお客さんと話をしていたので、花屋さんでの接客にとまどうことはなかったです。きっと自分でも気がつかないうちに、職場体験で初めて学ぶようなことを、祖母のお店で学んでいたんだと思います。

祖母のお店は、店頭で販売するだけでなく、商品をお客さんの家に届けることもあり、とても近い距離でお客さんと接しているのが印象的でした。常連のお客さんも、帰るときはいつもうれしそうで、「これがプロの仕事なんだ！」と感動していました。花屋さんで働いたことで、祖母の仕事に対する姿勢をあらためて思い返し、祖母のように、「これがわたしの仕事です」と誇れるものを私ももちたいと思ったのを覚えています。

Q この仕事を目指すなら、今、何をすればいいですか？

よく、「自分のなかにさまざまな引き出しをもっておくと社会に出てから役に立つ」と言われますが、映画宣伝の仕事もまさにその通りです。まわりには好奇心が強く、さまざまなことにアンテナを張っている人がたくさんいるので、私も日々刺激を受けています。

映画は作品ごとにちがう魅力があるので、宣伝方法も、変えなければなりません。しかし、さまざまな知識と経験があれば、それをもとに宣伝のアイデアをふくらませることができます。そのため、興味のあることは、深く掘り下げてみてください。好奇心の蓄積は、無駄にはなりません。

どんどん生まれているおもしろい映画との新しい出合いをつくりだしていきたいです

－ 今できること －

ふだんの暮らし

映画のおもしろさを人に伝えるには、映画についてよく知らなければなりません。好きな作品はもちろん、自分の好みではないと思う映画でも積極的に観てみるようにしましょう。想像とちがう物語の展開や、意外な発見があるかもしれません。観終わった後は、どこがおもしろかったのかを思い出して、その映画の宣伝文句を自分なりに考えてみてもよいでしょう。

またポスターなど、さまざまな広告にふれ、実際にどのような宣伝方法がとられていたか見ることも大切です。

国語

よりよい宣伝をするためには、多くの人の目に留まるような言葉を考える必要があります。読んだ本の内容を記録するなどして、表現力や語彙力をみがきましょう。

社会

映画には歴史や社会的背景をもとに、物語がつくられていることが多くあります。日本史や世界史をはじめ、今の世界情勢について勉強しておきましょう。

美術

映画のよさを伝えるためには、知識だけではなく、美術的な表現力と発想力も必要です。アートにふれ、または自分でつくり、美的感性を養いましょう。

英語

宣伝する映画には海外作品もあります。英語がわかれば、作品にこめられたテーマをより深く理解できます。

音楽フェスグッズ企画

Music Festival Goods Planner

クリエイティブマン
プロダクション

奥村明日歌さん

入社5年目 31歳

音楽フェスの感動が
思い出に残る
グッズをつくります

音楽フェスティバル※の会場では、Tシャツやキャップなどさまざまなグッズが売られています。手にするとフェスの興奮がよみがえる。そんな魅力的なグッズを、クリエイティブマンプロダクションで企画している、奥村明日歌さんにお話をうかがいました。

用語 ※ 音楽フェスティバル ⇒ 音楽活動を行う国内外のアーティストが参加し、ライブを行うイベント。「フェス」と略して呼ぶことが多い。

Q 音楽フェスグッズ企画とはどんな仕事ですか？

私が働いているクリエイティブマンプロダクションは、音楽のライブやフェスなどを企画し、運営する会社です。

有名な音楽フェスに、毎年夏に千葉県と大阪府で同時に行っている「サマーソニック」があります。音楽ファンの間から「サマソニ」の愛称で親しまれていて、国内外の人気アーティストが出演する一大イベントです。

私の仕事は、こうしたライブやフェスで販売するグッズを企画して製作することです。Tシャツやキャップ、タオルなど、ライブやフェスの記念になるようなグッズを考えて、製作の指揮をとっています。

具体的には、Tシャツなら、まず基本となるTシャツのかたちを考えます。細身のTシャツにするのか、ゆったり着られるTシャツにするのかなどです。かたちが決まったら、次はTシャツにプリントする絵柄を考えます。そして、考えたイメージをデザイナーさんに伝えて、かっこよくデザインしてもらいます。できあがったら、今度は工場に依頼して、Tシャツにそのデザインをプリントしてもらいます。依頼するときは、フェスに来るお客さんの人数や、売れそうな枚数を予想して、Tシャツを何枚つくればよいか工場の人に伝えることもしています。

グッズ以外では、宣伝用のチラシやポスター、「バナー」と呼ばれるインターネット用の広告などもつくっています。さらに、ライブやフェスの当日には、つくったポスターを会場にはって飾ったり、グッズの販売コーナーを設置して、スタッフといっしょに販売したりしています。そのほか、来場した出演アーティストの関係者や、マスコミ関係者など、招待客の受付対応も私が行っています。

企画会議でTシャツのデザイン案を発表する奥村さん。以前つくったものを見せて、新しくする部分を説明する。

Q どんなところがやりがいなのですか？

私の仕事は、グッズの売上額で成功したかどうかが、はっきりわかります。そのため、利益を出せたときは達成感があり、それがやりがいになっています。

また、つくったグッズをお客さんが身につけたり、持ったりして、フェスを楽しんでくれているのを見ると、つくってよかったと思います。2019年のサマソニでは、アロハシャツや、熱中症対策用のクールタオルをつくり、大好評でした。後日、街なかで私の手がけたアロハシャツを着ている人を見かけたときは、とてもうれしかったです。

海外アーティストと協力してつくったグッズが完売したときも興奮しました。海外とのやりとりは、アーティストが権利をもつロゴやイラストの使用許可を求めて、英語で交渉しなければなりません。大変でしたが、お客さんに喜んでもらえることができ、がんばったかいがありました。

奥村さんのある1日 （ライブ公演日）

10:45	出社。メールのチェックをする
11:00	グッズの企画会議 新しいグッズのアイデアを発表し製作するグッズを話し合う
14:00	ランチ後、その日に行われるライブの会場へ向かう
15:00	朝からいるスタッフと合流 会場のロビーにポスターをはったり、グッズを販売する場所の設営を行う
18:00	開場。招待客の来場受付
19:00	ライブ開演
20:30	招待客の来場受付終了 夕食をとる
20:45	ライブ終演。グッズの販売や、次回のライブチケットの販売を行う
22:00	会場のかたづけをして、帰宅

Q 仕事をする上で、大事にしていることは何ですか？

何種類ものグッズやポスター、チラシなどの製作（せいさく）をしながら、ライブやフェス会場にも行って作業を行うのはとても大変です。そのため体調管理には気をつけています。

とくに、サマソニのように夏のイベントのときは注意が必要です。仕事に集中していると水分補給（すいぶんほきゅう）を忘（わす）れてしまい、熱中症（ねっちゅうしょう）にかかってしまうことがあるからです。たおれてしまったら仕事にならないので、「休憩（きゅうけい）も仕事のうち」と、意識（いしき）して休むようにしています。

そのほか、仲間を気づかう気持ちも大事にしています。いそがしくなると、ついイライラしてしまいますが、おたがいに助け合って作業を進めることが、もっとも早くてよい仕事につながると思うからです。

Q なぜこの仕事を目指したのですか？

中学生のころから、行事やイベントは、つくる側の立場として盛り上げるのが好きでした。また、音楽を聴（き）くのも大好きでした。サマソニのように有名なフェスを開催（かいさい）している会社に注目したのは、社会人になってからです。どんな会社か興味をもち、同じくクリエイティブマンが開催（かいさい）する「Electric Zoo Beach（エレクトリック ズー ビーチ）」というフェスに行ってみることにしました。

会場に入り、まず目をうばわれたのが、フェスを盛り上（も あ）げるために設計（せっけい）された舞台（ぶたい）セットのすばらしさでした。もともと、建物を設計する仕事に就（つ）きたいと思っていて、そのときも建築設計（けんちくせっけい）に関わる仕事をしていたので、よけい目に留（と）まったのだと思います。

感動した私は、クリエイティブマンに入りたいと強く思い、家に帰ってからすぐに、履歴書（りれきしょ）※を書いて送りました。すると数日後に会社から電話があり、社長が面接（めんせつ）をしてくれることになりました。面接（めんせつ）では、場内装飾（じょうないそうしょく）のことを熱く語り、働きたいという気持ちを伝えました。採用が決まったときは、私の熱意が伝わったんだと思っていましたが、後から聞いた話では、ちょうどそのとき、働く人を探（さが）していたタイミングでもあったらしく、私は運がよかったみたいです。

今は、グッズ製作（せいさく）をまかされていますが、働きたいと思った会社で仕事をできることに喜（よろこ）びを感じています。

Q 今までにどんな仕事をしましたか？

高校生になったころから、建物のデザインに興味（きょうみ）をもつようになりました。そのため将来（しょうらい）は建築関係（けんちくかんけい）か、もともと好きだった音楽関係の仕事に就きたいと思うようになりました。大学4年生の就職活動（しゅうしょくかつどう）では、両方に関わることができるステージ製作を専門に行う会社を希望していました。

しかし願いは叶（かな）わず、建設会社（けんせつがいしゃ）に就職（しゅうしょく）し、事務員（じむいん）としてしばらく働きました。その後、知り合いからの紹介で家具メーカーに移（うつ）り、さらに、その会社の先輩（せんぱい）からの紹介（しょうかい）で建築（けんちく）デザイン事務所へと転職（てんしょく）しました。

建築（けんちく）デザイン事務所（じむしょ）では、おもに結婚式場（けっこんしきじょう）やホテルといった建物のパースを描（か）く仕事をしていました。パースというのは、建物の外観や室内のようすを立体的に描いた完成予想図のことです。そこの会社が手がけるデザインはどれもかっこよく、パースを描く仕事はとても楽しかったです。

しかし建物づくりに関わりたいという夢（ゆめ）が叶（かな）ったことで、もうひとつの夢（ゆめ）だった音楽に関わる仕事への思いも強くなりました。そうしてたどり着いたのが、今の仕事です。

● Tシャツ（ティー）

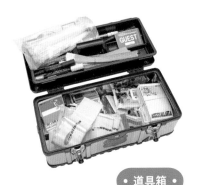

● 道具箱

PICKUP ITEM

Tシャツ（ティー）は、2019年のサマソニなど、フェス用につくったグッズの一部。ほかにもアロハシャツ、マフラータオル、ミニ扇風機（せんぷうき）など、さまざまなグッズをつくった。道具箱は、フェスの会場などで使用。筆記用具や、関係者であることを示すためのパスや腕（うで）に巻く腕章（わんしょう）などが入っている。

用語 ※履歴書（りれきしょ）⇒名前や住所、これまで行ってきた仕事内容（しごとないよう）など、自分自身について知ってもらうための書類。就職（しゅうしょく）や転職（てんしょく）を行うときに書いて、希望する会社に提出（ていしゅつ）する。

Q 仕事をする上で、難しいと感じる部分はどこですか？

私はグッズ製作の責任者として期限内に完成に導かなければいけません。しかし、ものの考え方や、仕事のやり方がちがう人たちの意見をまとめ、みんなが納得する仕上がりで完成させるのは簡単ではありません。

また、自分がつくりたいグッズのイメージを、相手に伝えることの難しさも感じます。私は、グッズ製作の経験は浅いですが、その分常識にとらわれない新しいグッズを提案できると思っています。しかし、どんなによいアイデアも、仕事の仲間に伝えられなければ、かたちにすることができません。相手に伝わっていないと感じたときは話し合いを重ね、フェスに来る人たちに喜んでもらえるグッズの完成を目指しています。

Q ふだんの生活で気をつけていることはありますか？

お客さんに喜んでもらえるグッズをつくるには、流行を取り入れることも必要です。そのため、買い物に行ったときは、お店に並ぶ商品を見て、どんなものが売れているのかチェックしています。サマソニで販売したミニ扇風機は、初夏の暑い日に、街なかで多くの人が持ち歩いているのを見て取り入れました。

また、フェスに協力してくれるスポンサー企業※のことをよく知るために、その会社のWEBサイトを見たり、商品を買って、使ってみたりしています。

Q これからどんな仕事をしていきたいですか？

クリエイティブマンプロダクションの仕事は、大きく分けると、邦楽担当と洋楽担当の2チームがあります。私は今、洋楽チームにいて海外アーティストが出演するフェスやライブ用のグッズをつくっています。しかし、くやしいことに私は英語が得意ではありません。ライブやフェス会場で招待客の受付対応をしていると外国人が多く来ますが、複雑な質問をされるとほかの社員に頼るしかありません。

私たちの会社には英語を話せる社員がたくさんいるので、その場は何とかなるのですが、話せないことは大きなコンプレックスになっています。そのため英語を学び、受付対応はもちろん、グッズをつくる海外の会社とも直接やりとりができるようになりたいというのが今の目標です。

また、サマソニの場内装飾のデザインを担当しているのは海外のスタッフです。私がクリエイティブマンに入った理由である、「場内装飾に関わる仕事」をするためには、英語が話せなければできません。がんばって英語を修得して、この大きな目標を叶えたいです。

グッズは、フェス後もWEBサイトで販売するため、個数をつねに管理している。

音楽フェスグッズ企画に関わるには……

音楽フェスで販売されているグッズは、多くの場合、フェスを開催する会社の人が企画しています。そうした会社では、大学卒業以上の学歴か、またはだれにも負けない音楽の知識や才能、行動力などが求められます。そのほか、イベントの企画力や英語力、フェスでのアルバイト経験などが、就職の役に立つこともあります。

```
          高校
           ↓
   大学  ←→  社会人としての経験
           ↓
音楽フェスを企画運営する会社に就職
           ↓
   グッズ企画の部門に配属
```

用 語　※ スポンサー企業 ➡ イベントの開催や番組制作など、事業を行うときに資金協力をしてくれる会社のこと。

Q この仕事をするには どんな力が必要ですか？

グッズ製作には、グッズのデザインをするデザイナー、工場でグッズを実際につくる人、ライブやフェスで販売する人などとの連携が重要です。そのため、だれとでも、はずかしがらずに話せる人が向いていると思います。ライブやフェス会場では、グッズ販売の接客や、招待客の対応もするので、そこでもコミュニケーション能力は必要です。もちろん、仕事に慣れれば初対面の人とでも自然と話せるようになると思うので、今は人見知りするとしても、あきらめないでほしいです。

また、画像の加工に使う「Photoshop」や、グラフィックデザインに使う「Illustrator」といったアプリを使いこなす力もあるとよいと思います。海外用のポスターを部分的に変えて日本用にするなど、少しの変更しかしない場合、デザイン会社にお願いせずに自分でできれば、お金と時間の節約につながるからです。決められた時間のなかで、たくさんの仕事をこなすためには、こうした技術力も必要だと思います。

海外から送られてきたポスターのデザインを確認。日本ツアー用にデザインを整える。

Q 中学生のとき、 どんな子どもでしたか？

学校から帰ると、友だちと遊んでばかりいました。とくに友だちとカラオケに行って、好きなアーティストの曲を歌うことが、何よりも楽しかったです。

学校では、体育や美術は得意だったのですが、英語が苦手で、勉強はテスト前にやるくらいでした。しかし、高校受験は志望校以外を受験するつもりがなかったので、「絶対に合格しなければ！」と、そのときだけは集中して勉強に取り組みました。友だちや先生から、「努力しているね」とほめられたのがうれしかったのを覚えています。

中学校の卒業文集。1位になれずくやしい思いをした、運動会と合唱コンクールのことを「三年間の思い出」として書いた。

Q 中学のときの職場体験は、 どこに行きましたか？

職場体験は2回あり、それぞれ2〜3日間行きました。

1回目は、自動車の点検や修理を行う自動車整備士の体験でした。洗車や点検のお手伝いをして、最終日にはレース用の車にものせてもらいました。2回目は、保育士の体験です。子どもが大好きだったので、行くことが決まってからは、保育園に行く日を楽しみにしていました。

奥村さんの夢ルート

小学校 ▶ ダンサー

4人組のダンス＆ボーカルグループ「SPEED」のファンだった。

▼

中学校 ▶ 保育士

子どもが大好きだったから。

▼

高校 ▶ 建築家

東京にある六本木ヒルズのような、建物を設計する建築家にあこがれた。

▼

大学 ▶ インテリアデザイナー

建築家は、数学が苦手で断念。室内のデザインを行うインテリアデザイナーとして、建物づくりに関わろうと考えた。

音楽をよく聴いていた中学生時代の奥村さん（右）。KICK THE CAN CREWやSOUL'd OUTなどの曲が好きだった。

Q 職場体験ではどんな印象をもちましたか？

自動車整備士の職場体験での正直な感想は、「大人になっても働きたくない」というものでした。仕事は、「自由な時間をうばうもの」と感じたからです。しかし、最後に、レース用の車にのせてもらったとき、こんなにスピードを出しても安全に走ることができるのは、自動車整備士さんのおかげなんだと知り、尊敬の気持ちがわきました。働くことでだれかの役に立てることを学んだのは、この体験からです。

保育士の職場体験は、大きな転機になりました。保育士への夢が消えた体験になったからです。仕事は大変でしたが、子どもたちはとてもかわいく、楽しかったです。しかし、保護者がむかえに来て、みんなが帰って行く姿を見ていたら、急に悲しくなってしまったんです。そのとき、こんなつらい思いはしたくないと感じました。もしこの体験をしていなければ、今の仕事には就いていなかったかもしれません。

Q この仕事を目指すなら、今、何をすればいいですか？

私がつくるグッズは、お客さんにフェスをより楽しんでもらうためにつくるものです。そのため、自分でも楽しいと思うことをたくさん経験しておくとよいと思います。また、楽しいと思っていた保育士が、職場体験をして「悲しい」と感じてしまった私のように、楽しそうだと思っていたことが、やってみるとちがう感情に変わるかもしれません。しかし、それも大事な経験になると思います。

また、英語の勉強はしておいた方がよいです。音楽フェスには海外アーティストがたくさん出演するので、英語が話せると仕事がスムーズに進むからです。

常識にとらわれない新しいグッズでお客さんの気持ちを盛り上げます

－ 今できること －

ふだんの暮らし

音楽フェスのグッズは、音楽のジャンルやイベントのテーマ、訪れる人の年代、好み、流行などを考えてつくります。まずは、さまざまな音楽にふれ、どんなアーティストがいるか調べてみましょう。そして、イベントに参加する機会があれば、販売されているグッズや人気のグッズなどに注目してみるとよいでしょう。

また、グッズをつくる過程ではリーダーシップが必要です。文化祭などの学校行事は積極的に参加し、中心となって動いてみる経験が役に立つでしょう。

国語 グッズをつくるとき、仲間の意見を聞くことが大切です。コミュニケーション能力を身につけ、相手が何を伝えたいのか理解できるようにしましょう。

音楽 さまざまな分野の音楽に関心をもって学びましょう。また、音楽が人にあたえるよい影響を知りましょう。

体育 音楽フェスは、野外の広い場所で行われることがほとんどです。グッズ管理のために広い会場を何度も往復することも多いので、体力づくりをしておきましょう。

英語 音楽フェスには、海外アーティストも多く出演するため、グッズをつくるときも海外の会社とのやりとりが発生します。通訳なしで仕事ができるように学びましょう。

インターネットテレビ局 チャンネルプロデューサー

Internet TV Channel Producer

AbemaTV
山本剛史さん
入社6年目 30歳

24時間楽しめる
おもしろい番組を
インターネットで
届けます

エンタメ※、スポーツ、ニュースなどいろいろなチャンネルをもち、無料で24時間番組を放送しているのが、インターネットテレビ局のAbemaTVです。
そこでチャンネルプロデューサーとして働いている、山本剛史さんにお話をうかがいました。

用 語 ※ エンタメ ⇒エンターテインメントの略。人を楽しませるもので、演劇、音楽、ダンスなどのライブやイベントのこと。
映画やテレビ番組、小説などでも娯楽性の高いものは「エンタメ」と呼ばれる。

Q チャンネルプロデューサーとは どんな仕事ですか？

パソコンで「AbemaTV」のWEBサイトを開いたり、スマートフォンで「AbemaTV」のアプリを立ち上げたりすると、テレビのようにさまざまな番組が観られます。このAbemaTVがぼくの働いている会社です。インターネットで無料で番組を放送していることから、インターネットテレビ局と呼ばれています。

AbemaTVには、ニュース、ドラマ、アニメ、バラエティ、音楽、スポーツなど、さまざまなチャンネルがあります。そのなかで、ぼくはニュースチャンネルを担当するチャンネルプロデューサーです。ニュースチャンネルを盛り上げるために、どんなニュース番組をつくるか考えたり、つくった番組を何時に放送するか決めたりするのが、おもな仕事です。

ニュース番組といっても、その内容はさまざまです。政治や経済を伝える番組もありますし、エンタメ情報を中心に伝える番組もあります。放送は24時間ずっと続くので、いろいろな種類のニュース番組を、たくさんつくらなければなりません。このほか、ニュースチャンネルをより多くの人に観てもらえるように宣伝したり、番組をつくるための資金の管理などもしたりしています。

ニュースチャンネルは、約50人のスタッフが中心となって働いています。ぼくは、チャンネルプロデューサーとして全員をまとめなければなりません。そのため、みんなが働きやすいような環境をつくるのも仕事のひとつです。このように、ニュースチャンネルは、ぼくがすべての責任を負って運営しています。

番組づくりの現場のようすを確認する山本さん。

Q どんなところが やりがいなのですか？

AbemaTVは、インターネットで配信し、おもにスマートフォンアプリで観られる新しいサービスです。これまで世の中になかったサービスに関わり、自分の手でつくりあげていけるのは、大きなやりがいです。

また、ニュースチャンネルが多くの人に観てもらえるようになってきていることも、やりがいになっています。会社に入ってすぐのころは、まだAbemaTVが世間に知られておらず、ニュースチャンネルを観る人も多くはありませんでした。しかし、今ではまわりからの反響も大きくなりました。自分の成長が目に見えるのは、うれしいことです。

ニュースチャンネルの視聴数をもっと増やすために、会議で仲間とアイデアを出し合う。

山本さんのある1日

09:00	出社。新聞・ニュース・メールのチェックと、前日の視聴数の確認
10:00	SNS※の活用法について打ち合わせ
12:00	放送中のスタジオの立ち会い
13:00	ランチ
14:00	視聴数を増やすアイデアを考える
15:00	全体会議。ニュースチャンネルのスタッフ全員で連絡事項を報告する
16:00	戦略会議。今後の番組づくりについて番組スタッフと話し合う
17:00	新番組のアイデアを考える
21:00	退社

用語 ※ SNS ⇒ ソーシャル・ネットワーキング・サービスの略。インターネット上で、人と人とが写真や文章などの情報をやりとりする。代表的なサービスに、Instagram、Twitter、LINE、TikTokがある。

Q 仕事をする上で、大事に していることは何ですか?

「できない理由ではなく、できる理由を考えぬく」ということを大事に考えています。

例えばテレビには、何年もつちかってきたテレビ業界のルールがあります。しかしAbemaTV（アベマティービー）はインターネットテレビ局で、インターネットで流す番組をつくっています。そのため、テレビでは考えられなかったような番組をつくることができるはずなんです。これまでの当たり前にしばられて、「できない」と言ってしまうのではなく、「できる」をスタートにし、「できる」ためには何が必要かを考えるようにしています。

また、仕事はつねに上位5％に入る結果を目指して取り組んでいます。もし同じ仕事を頼まれた人が100人いたら、上位5人に選ばれるためにはどんなことをすればよいのかを考えるのです。例えば掃除（そうじ）を頼（たの）まれたら、だれよりも短時間で作業を終えて、「こんなにきれいにしてくれた!」と相手の期待をこえる結果を出すということです。

「人よりよい仕事をするためには、人と同じことをしていたらダメだと思います」

Q なぜこの仕事を 目指したのですか?

ぼくは大学院時代に、バーチャルリアリティの研究をしていました。バーチャルリアリティとは、コンピューターグラフィックスなどを使い、実際（じっさい）には何もないところに、本物があるかのような空間をつくり、体験させる技術（ぎじゅつ）のことです。

この研究を選んだ理由は、バーチャルリアリティが実用化されれば、これまで見られなかった世界を体験できるようになり、世の中の常識（じょうしき）を大きく変えられると思ったからです。時代に大きな変化をもたらすような仕事をする。それが、大学に入ってから、ずっと夢（ゆめ）でした。

しかし研究を進めていくうちに、実用化は、まだまだ先であることに気づいたんです。この分野には、手でものをさわったときに生じる感触（かんしょく）や、重みなどを再現（さいげん）するためにはどうすればよいかといった、研究しなければいけないことがまだまだたくさんあるからです。

バーチャルリアリティが暮らしのなかで本当に使えるようになるまでに、何か別のことで世の中を変えるような仕事ができるのではないか。そう考えたとき、インターネットサービスという、新しいかたちの仕事に目が留（と）まりました。

Q 今までに どんな仕事をしましたか?

入社1年目は、AbemaTV（アベマティービー）の運営（うんえい）を手がけるサイバーエージェントが「ドットマネー」という、ポイント交換（こうかん）サービスをつくることになり、そのメンバーとして働きました。

しかし、当時のぼくは「ダメ新人」だったと思います。やる気だけはあったので、何でも「やります!」と手をあげるのですが、十分な結果を出せなかったんです。ドットマネーの使い方を提案（ていあん）する資料（しりょう）も満足につくれませんでした。また、電話のかけ方や、言葉づかいもなっていませんでした。

そんなぼくを見て、上司が「仕事はつねによい結果を出し続けなければ認（みと）めてもらえない。どうしたらよい結果を出せるか考えなさい」と、アドバイスをくれました。その上司のもとで経験（けいけん）を積み、仕事のやり方を学びました。ぼくが大事にしている「つねに上位5％に入る結果を目指す」という言葉も、そのときの上司にもらった言葉です。

● ノートパソコン ●

● ノート ●

PICKUP ITEM

打ち合わせは、パソコンで放送中の番組を観ながら行うことも多い。仕事の電話はほとんどがスマートフォンにかかってくる。スマホケースはAbemaTVのキャラクター「アベマくん」が描（か）かれたオリジナルグッズ。愛用するノートも「アベマくん」。

● スマートフォン ●

Q 仕事をする上で、難しいと感じる部分はどこですか？

ぼくの仕事は、つねに世の中の動きを読みとり、観てくれる人の期待に応える番組をそろえてチャンネルを構成していかなければなりません。そして、ニュースチャンネルの目指す方向を示し、チームのみんなを引っ張って行くのがチャンネルプロデューサーの仕事です。しかし今はまだ、経験不足だったり、ぼくの読みがあまかったりして、思うような結果が出ないことがあります。こうした壁にぶつかったとき、難しい仕事だなと感じます。

実力不足を克服するためには、その事実を受け入れ、素直な気持ちで先輩に助言をもらい、自分を向上させるために、問題点をひたすら考えぬくようにしています。

Q ふだんの生活で気をつけていることはありますか？

動画配信サービスはもちろん、テレビ、ラジオ、音楽、マンガ、本など、さまざまな分野のエンタメを楽しむようにしています。そしてただ楽しむだけではなく、なぜ自分はそれを楽しいと思うのか、なぜ世間でそれが流行しているのかを必ず考えます。

また、1か月に、1〜2冊は仕事で成功している人の体験談や、経営方法が書かれたビジネス書を買って読んでいます。書いてあることをただまねするために読むのではなく、自分に足りていなかった考え方を知り、仕事に活かせそうな情報を得るためです。

Q これからどんな仕事をしていきたいですか？

まずはチャンネルプロデューサーとして、これまでのテレビではできなかったことや、これからのメディアの姿を考え、ニュースチャンネルの視聴数を増やすことが第一です。

そして、AbemaTVを「インターネットテレビ」として、テレビやラジオ、新聞などと並ぶメディアに仕上げていきたいと思っています。

AbemaTVを設立した親会社のサイバーエージェントには、「21世紀を代表する会社を創る」という大きな目標があります。ぼくも21世紀を代表する会社にふさわしく、新しいことに挑戦し続け、世の中に影響をあたえるような大きな仕事ができる人間になりたいです。

ニュースチャンネルの番組構成を真剣な表情で考える山本さん。

社内のカフェスペースで打ち合わせ。「カフェで話すような雑談のなかから、よい考えが生まれることもあるんですよ」

インターネットテレビ局で働くには……

インターネットテレビ局で働くために必要な決まった知識はとくにありません。しかし、入社後は得意な分野を活かして働くことが求められるため、大学卒業を採用の条件にしている会社がほとんどです。また、チャンネルプロデューサーになるにも、文系、理系など決まった進路はありません。入社して経験を積み、実績を上げた人が就くことができる仕事です。

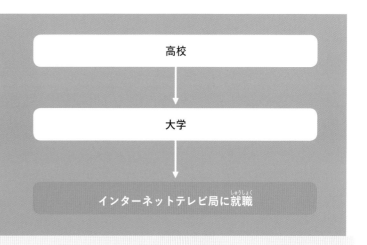

高校
↓
大学
↓
インターネットテレビ局に就職

Q この仕事をするにはどんな力が必要ですか？

まずは、目標をつねにもち、それに向かってがんばることができる力です。目標を決めるためには、今の自分の実力を知る必要があります。自分の足りないところにも目を向け、それを補う努力をすれば、強みに変えられます。

次に、自分を毎回リセットする力です。一度成功すると、その体験にとらわれて、新しい挑戦ができなくなることがあります。しかし、流行はどんどん変わっていくので前と同じやり方をしても次は成功するとは限りません。経験を活かすことは大切ですが、やり方はもう一度考えなければいけないと思っています。また、成功するとまわりからもてはやされることがありますが、そんなときこそ気を引きしめ、あまえることなく前に進むことが成長につながります。

山本さんの夢ルート

小学校 ▶ 研究者

父親が白衣を着て化粧品の開発をしている姿がかっこよかったから。

▼

中学校 ▶ 教師か医師

よい先生に出会い教師にあこがれた。理科が得意だったので、白衣を着られる理科の先生か、医師になりたかった。

▼

高校 ▶ パイロット

かっこいい職業にあこがれパイロットになりたいと思った。

▼

大学・大学院 ▶ バーチャルリアリティの仕事

バーチャルリアリティで世界を変えられると考え、研究に取り組んだ。

Q 中学生のとき、どんな子どもでしたか？

担任の先生が頼りになるとてもよい先生でした。知的好奇心の強い先生で、さまざまなことに興味をもっている姿を尊敬していましたし、今でも恩師と呼べる存在です。そのため、将来は学校の先生になるのもよいなと興味をもちました。同時に、医師にも興味をもっていた記憶があります。白衣姿がとにかくかっこよくて、頭がよさそうに見えるからという、見た目の印象が理由です。ぼくは理科が得意だったので、「医者にもなれるんじゃないかな」と気軽に考えていた気がします。

通っていた中学校は「文武両道」をかかげている学校だったので、ぼくも、部活と勉強の両方に熱心に取り組んでいました。部活は軟式テニス部だったのですが、授業前には朝練をし、放課後も毎日練習していました。

その努力もあって、県大会ではいつも上位に入る成績を残していました。ところが中学3年生のとき、3年間ダブルスでペアを組んでいた相手がけがをしてしまい、最後の大きな大会に出ることができなかったんです。そのときはものすごくくやしかった反面、いつも組んでいた相手といっしょでなければ出ても意味がないとも思いました。

軟式テニス部で練習に打ちこんだ中学生時代。3年間ダブルスを組んだ相手とは、友情以上のきずなを深めた。

3年間着たキャップとユニフォーム、ラケット。今も大切な思い出として保管している。

Q 中学のときの職場体験は、どこに行きましたか?

ぼくの学校では、近くの商店街にあるお店から好きなところを選び、1週間職場体験をするシステムでした。ぼくは、映画を観るのが好きだったので、レンタルビデオ店の「TSUTAYA」に希望を出し、5人ほどで行きました。お店の人といっしょに朝の朝礼に出て、掃除をしたり、商品をならべたり、日報を書いたりしていました。

Q 職場体験ではどんな印象をもちましたか?

まずは、お金をかせぐことの大変さを感じました。お店には、アルバイトの募集広告がはってあり、そこには時給いくらと、金額が書かれていました。それを見たとき、これだけ立ちっぱなしで掃除をしたり、映画のDVDを並べたり、本を並べたりしているのに、これしかかせげないのか、というのが正直な印象だったと思います。

また、今考えれば当然なのですが、ぼくたち中学生にまかせてもらえた仕事は雑用ばかりだったので、もっと頭を使ったり、人と積極的に関わったりする仕事がしたいと思いました。そして、将来仕事に就くときは、自分にしかできないような仕事を選ぼう、と考えた記憶があります。

Q この仕事を目指すなら、今、何をすればいいですか?

勉強でも部活でも、熱中するものを突き詰めることです。その分野でトップになるくらいまで突きぬけると、自分の力でできることが増えるはずです。また、突きぬけた先の頂点から物事を見ると、同じものでも見え方が変わり、人とはちがうおもしろい発想ができます。その視点こそが、チャンネルプロデューサーには必要です。

これからの時代を考えると、個人として社会に影響力をもつ人間になることも大切だと思います。時間がある中学時代にこそ好きなことに熱中し、自分の名前で社会を渡り歩けるような人になってほしいです。

AbemaTVを21世紀を代表するメディアに仕上げたい

− 今できること −

ふだんの暮らし

インターネットテレビは、パソコンやスマートフォンがあれば簡単に観ることができるため、視聴者が増えています。まずはどのような番組があるのか知るために、一度観てみるとよいでしょう。その際はテレビ番組と、インターネット向け番組の演出方法や取り上げるテーマに注目することも大切です。また、さまざまな番組をまとめるチャンネルプロデューサーには、リーダーシップが必要です。生徒会長や部活動の部長など、みんなを引っ張る立場を経験しておくとよいでしょう。

 国語 説得力をもった言葉でチームを引っ張るためにも、多くの本などにふれ、語彙力を増やす努力をしましょう。

 社会 どんな番組が求められているかを考えるためには、政治や経済の状況をよく知っておく必要があります。社会科の授業を基礎に、新聞をよく読んでおきましょう。

 美術 これまでにない企画を立てるには、豊かな発想力が必要です。歴史的価値がある美術作品にふれて感性をみがき、アイデアを表現する力をつけましょう。

 技術 インターネットの仕組みを覚え、情報の集め方や生活での活かし方など、利用方法を身につけましょう。また、利用する上でのマナーやルールを学ぶことも大切です。

チケット仕入営業
しいれえいぎょう

Ticket Sales

ぴあ
水野りなさん
入社5年目 27歳

舞台のもつ魅力を
多くの人に伝え、
チケットを販売します

アイドルのコンサート、プロスポーツの試合、劇団による舞台……。さまざまなイベントを楽しむために必要なのが、入場チケットです。ぴあの営業担当としてチケットの仕入れや販売に力を注ぐ、水野りなさんにお話をうかがいました。

Q チケット仕入営業とは どんな仕事ですか？

私の働いているぴあは、音楽、演劇、スポーツ、映画など、年間約15万件ものイベントや公演のチケットをおもにインターネット上で販売しています。

そのなかで、私は演劇を担当し、チケットを販売するための営業をしています。これを「チケット仕入営業」といい、ジャンルごとに担当者がいます。

営業の仕事は、チケットを仕入れることから始まります。演劇の場合は、公演を行う劇団や芸能事務所、またはイベントの制作会社などから仕入れます。そうした主催者さまに、「チケットぴあにチケットの販売をまかせてください」と、お願いするのです。具体的な宣伝方法も考えて提案します。例えば「移動中の人に見てもらえるように、電車のなかに広告を出します」とか、「ぴあがつくっている情報誌に、出演者のインタビュー記事をのせます」などです。

チケットの販売をまかせてもらえることが決まると、次はできるだけ多くの人に購入してもらうための宣伝業務が待っています。情報誌に紹介記事をのせる場合、出演者に取材の依頼をしてカメラマンに撮影してもらったり、ライターにインタビュー記事を書いてもらったりする手配をします。同時に、主催者さまと相談しながら、お客さまが購入しやすい時期を考えて、チケットの発売スケジュールを組み立てます。チケットの発売後はトラブルなく販売が行われているか確認することも重要です。

また、公演の初日に、会場で受付の手伝いをして、お客さまのようすを見届けるのも仕事のひとつです。どんなお客さまがその公演のチケットを買ってくれたのかを見ることで、次に提案する宣伝方法の参考になるからです。

イベントなどに登場するぴあの公式キャラクターと。「この子たちがいると場が和み、営業しやすい雰囲気になるんですよ」

Q どんなところが やりがいなのですか？

私の仕事には、チケットの販売を依頼してくれる主催者さまと、チケットを購入してくれる観客という2種類のお客さまがいます。両方のお客さまから喜んでもらえることが、私のやりがいになっています。また、満席の公演会場をながめながら「ここにいるお客さまはみんな私の担当したチケットを購入してくれたんだ」と思うと、達成感もあります。

すべての公演がすぐに完売するわけではないので、どうしたらお客さまに1枚でも多く買ってもらえるかを考えるのも、やりがいのひとつです。

担当した公演で、当日券の対応をする水野さん。「会場でお客さまの笑顔を直接見ると、元気が出てきます」

水野さんのある1日

10:00	出社。メールをチェック
11:00	チケットを売るための効果的な宣伝方法を考えて、提案書にまとめる
12:00	資料の作成。担当する公演の、チケットの売れ行き予想をまとめる
13:30	ランチ
14:30	打ち合わせ。同じ部署の人と各自担当する公演の情報を交換する
16:00	取材。情報誌に公演の紹介をのせるため、出演者にインタビューする
18:00	担当公演の初日の立ち会い
21:00	公演先から帰宅

Q 仕事をする上で、大事にしていることは何ですか？

公演の主催者さまとコミュニケーションをとることを大切にしています。

ひとつの公演でも、チケット販売をしている会社は、ぴあだけではありません。会社によって販売する座席がちがう場合もあります。私は、ぴあを利用してくれているお客さまのために、あつかう公演の種類を増やし、よい席をたくさん用意しなければいけません。そのためには、主催者さまに「この人にまかせれば観に来てくれる人が増える」と、思ってもらえるような宣伝方法を考え、信頼してもらうことが大切です。主催者さまの公演にかける思いのなかに、よい宣伝につながるヒントが必ずあるので、主催者さまとのコミュニケーションは欠かさないようにしています。

次の公演の宣伝方法について打ち合わせ。ポスターのデザインや、作品に合うグッズを考える。

Q なぜこの仕事を目指したのですか？

私は、小さいころからアイドルが好きで、コンサートや舞台をよく観に行っていました。そして、いつしか自らプロデューサーになって、コンサートや舞台をつくりたいという夢をもちました。

そのため、芸能事務所の仕事はもちろんのこと、まずはコンサートや舞台が行われるまでの仕組みについて学ぼうと思いました。舞台には、芸能事務所のほかにどういった会社が関わっていて、宣伝はどうやってするのかなどです。そのなかで、チケットの販売を行う会社があることを知りました。仕事内容を調べてみると、自分の知りたいことが学べるとわかり、さらにプロデューサーとして活躍している先輩がいることを知って、ぴあへの就職を決めました。

Q 今までにどんな仕事をしましたか？

最初は、WEBサイトからチケットを購入するための申し込み画面をつくったり、チケットを買ってくれたお客さまに情報を届けるメールマガジンを配信したりしていました。

私はWEBサイトに関する知識がほとんどなかったので、いちから勉強する日々でしたが、「ウェブ解析士※」や「Webディレクター」など、民間が行っているさまざまな資格をがんばってとりました。そして入社3〜4年目にはチケットぴあのWEBサイトをもっと使いやすくする機能を開発する「新規開発ディレクター」をまかされるまでになりました。

WEBサイトの知識も身につき、仕事にもやりがいを感じてはいたのですが、「公演やイベントに関わりたい」という思いは、ずっとありました。その希望が叶い、今の部門に配属が決まったのが、入社5年目のことです。

Q 仕事をする上で、難しいと感じる部分はどこですか？

ひとつの私の失敗で、チケットの販売を依頼してくれる主催者さまや、購入してくれるお客さまなど、たくさんの人に迷惑をかけてしまうというプレッシャーが、この仕事にはつきまといます。

以前に担当した公演で、主催者さまとのコミュニケーション不足が原因で、予定とちがう発売方法で販売してしまったことがあります。購入されたお客さまにはすぐにメールと電話でおわびをし、トラブルを最小限におさえることができましたが、こうした失敗は主催者さまにもお客さまにも、ぴあのスタッフにも迷惑がかかってしまいます。あらゆる可能性を想定し、主催者さまとていねいにコミュニケーションをとることの大切さを学びました。二度と同じ失敗をしないように、二重、三重の確認をするように心がけています。

座席番号とチケットの番号を読み上げて同僚と確認。これだけは機械だけに頼らず行っている。

用語 ※ ウェブ解析士⇒ WEBサイトを訪れる人の情報を分析し、さまざまな事業で役立てる提案を行うための資格。

担当する舞台の稽古を観に行く水野さん。「練習風景を見て公演にかける出演者の思いを知ると、より多くの人に舞台を観てほしいという気持ちになります」

Q これからどんな仕事をしていきたいですか?

今後は、ぴあが主催して行う公演にもたずさわっていきたいです。

私はもともと、コンサートや舞台を観に行くことが大好でした。そのため、観客の求めることがどういうものか、リアルにわかると思うからです。観客目線でよりよい公演になるような提案をし、チケットが完売するようなみんなに喜ばれる作品をつくってみたいです。

そして、ゆくゆくは夢としていたプロデューサーになり、さまざまな舞台を企画して主催できたいらいいなと思っています。

Q ふだんの生活で気をつけていることはありますか?

ふだんからテレビドラマやライブ、舞台など、エンタメに関わることは何でもチェックしています。そして、おもしろいと思う情報を見つけたら、会社で、みんなに伝えるようにしています。

また、ぴあでは最近、企画の段階から制作に関わる舞台作品が増えてきました。ぴあは、どんな人がどんなチケットを求めているか、これまでの経験から予測できるので、企画から提案することで、より観る人の要望にそった作品になり、自信をもってチケットを販売できるからです。そのため、私もおもしろい内容のものを見つけると、「舞台化できないかな」とか「あの俳優さんに出てもらったらぴったりだな」などと、考えるようになりました。

舞台脚本

パソコン

PICKUP ITEM

パソコンは、宣伝のアイデアをまとめた資料がいくつも保存された、欠かせない相棒。舞台脚本は、チケット販売を担当した2019年公演の舞台『ゲームしませんか?〜荒野行動〜』。先に内容を読み、どのように宣伝するか考えた。

チケット販売の会社で働くには……

チケットを販売する会社には、WEBサイト上で販売するためのシステムをつくる部門や、販売するチケットの公演を知らせるWEBサイトやメールマガジンの制作部門など、さまざまあります。そのため自分が希望する分野の専門知識を、学んでおくとよいでしょう。チケットの営業部門であれば、販売戦略などが学べる経営学部やマーケティング学部を選択すると役に立ちます。

```
高校
  ↓                    ↓
大学・専門学校      社会人としての経験
  ↓                    ↓
    チケット会社に就職
```

Q この仕事をするにはどんな力が必要ですか？

チケット営業の担当は、チケットの管理や公演の宣伝、また公演の立ち会いなどたくさんやることがあり、とてもいそがしい仕事です。テレビドラマや音楽、演劇、イベントなどが好きでないとできないと思います。ですから、エンタメに関わるすべての分野に興味をもてること、そして、いっしょにエンタメ業界を盛り上げようとする力が必要です。この仕事をする人たちは、私もふくめてエンタメに関わることなら何でも好きな「ミーハー」な人ばかりなんですよ。

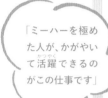

「ミーハーを極めた人が、かがやいて活躍できるのがこの仕事です」

水野さんの夢ルート

小学校 ▶ 雑誌の編集者

好きなアイドルがのっている、雑誌『Myojo』が好きだったから。

▼

中学校・高校 ▶ テレビ局

テレビ局につとめればアイドルに会えると思った。

▼

大学 ▶ ドラマのディレクター

芝居を観ることが好きだったのでテレビ局で、ドラマをつくる人になりたいと思うようになった。

Q 中学生のとき、どんな子どもでしたか？

とにかくアイドルが大好きな中学生でした。アイドル雑誌をつくっている出版社やテレビ局に入って、好きなアイドルに関わる仕事がしたいと思っていたほどです。また、母も同じようにアイドルが好きだったので、いっしょにCDを聴いたり、ライブを観に行ったりもしました。

勉強するときも、「ここまで覚えたらライブDVDを30分観よう」というように、自分にごほうびを出しながらやっていました。この方法は私にはとても効果があって、勉強にも集中できたと思います。

部活は、バスケットボール部に入っていたのですが、毎日のように厳しい練習があり、ずっと辞めたいと思っていました。でも、一度始めたら止められない性格で、引退する日までがんばって続けました。どんなにつらいことでも最後までやり通す粘りづよさは、このときに身につきましたね。

今でも、一度手をつけたことを、中途半端なまま投げ出すようなことはしないようにしています。バスケットボール部でがんばったときの自分を思い出すと、「もっとできる、もっとやれる」と思うことができるんです。

「次の試合が終わったら辞める！」と言いながら3年間続けたバスケ部。「卒業記念でバスケットボールをもらったときは、続けてよかったと思いました」と話す。

オリンピック出場を目指し、飛びこみ競技に打ちこむ少年たちの姿を描いた小説『DIVE!!』。「これを読んで、私も部活をがんばりました」と、水野さん。

Q 中学のときの職場体験は、どこに行きましたか？

私の学校の職場体験は、先生が用意した候補のなかから好きな職場を選ぶものでした。候補にはスーパーマーケットやコンビニ、役所などがあり、美容院がいちばんの人気でした。私もおしゃれな美容院に興味があったので、希望を出しました。ジャンケンで何とか勝ちぬいて、1週間の体験に行くことになりました。

Q 職場体験ではどんな印象をもちましたか？

最初はとにかく緊張して、お客さまに「いらっしゃいませ」と声をかけることさえうまくできませんでした。接客以外でも何をしたらよいのかわからず、あまりお店の役に立てていなかったと思います。

しかし、少しずつ仕事に慣れ、最後の日には自分で仕事を見つけられるようになりました。また、自分から「何か私にできることはありますか」とたずねて、お店の役に立とうとがんばりました。すると、お店の人もいろいろと教えてくれてうれしかったのを覚えています。

「よりよい結果を出すために自分から動く」。私の仕事の原点は、このときの体験にあると思います。

Q この仕事を目指すなら、今、何をすればいいですか？

ライブや舞台をたくさん観に行ってください。できれば、自分でチケットをとることにも挑戦してみてください。そうすることで、申し込み方法や座席の種類など、チケットの仕組みについていろいろと学べると思います。

学習面では、英語の勉強をがんばるとよいと思います。最近では海外の人が公演のチケットを購入することが増えてきました。英語での問い合わせも多いので必要だと感じています。また、韓国はエンタメが盛んなので韓国語にも慣れておくとよいです。好きなアイドルや俳優などを見つけると、言葉を覚えるのが楽しくなりますよ。

多くの人に感動を届けたい。一枚のチケットが、お客さまと夢の世界をつなぐパスポートになります

－ 今できること －

ふだんの暮らし

まずはチケットがどのように販売され、どのように購入されているのか知るところから始めましょう。気になる公演があったら、主催者はだれで、チケットを売っているのはどこの会社かインターネットや雑誌を見て調べてみてください。保護者に許可を得た上で、チケット販売店やインターネットでチケットをとってみるとよい経験になります。また、演劇やコンサートなど、公演はたくさんあります。どんな年代の人が、どんなものに関心をもって観に行くのか考えてみるのも大切です。

国語
チケットの仕入れをするためには、公演の主催者との交渉が必要です。正しい言葉づかいを身につけ、相手に納得して聞いてもらえる話し方を学びましょう。

音楽
公演は、人を楽しませ生活を豊かにしてくれるものです。音楽を通して豊かな感性を養い、人々がその公演のどこに魅力を感じるか理解できるようになりましょう。

美術
チケット販売には、公演の魅力を伝える宣伝活動が必要です。芸術のさまざまな表現方法を通し、伝えたい内容をかたちにして、表現できる力をみがきましょう。

英語
海外アーティストの公演をあつかうことも増えています。英語でコミュニケーションをとれるようになりましょう。

仕事のつながりがわかる
エンタメの仕事 関連マップ

ここまで紹介したエンタメの仕事が、
それぞれどう関連しているのか、見てみましょう。

舞台を放送

舞台

舞台衣裳スタッフ P.10

舞台の演目の内容に合わせて衣裳を
つくる。舞台の本番では、出演者の衣
裳の着替えを手伝う。

音楽フェス

音楽フェスグッズ企画 P.22

ライブやフェスで販売するTシャツやキャ
ップ、タオルなどのグッズ製作の指揮をと
る。訪れたお客さんにとって、記念になるよ
うなグッズを考える。

衣裳を
つくる

衣裳を
身につける

フェスを開催

フェスに参加

出演者

演目ごとに割りふられた役
を演じる。舞台の本番まで
に、舞台衣裳スタッフと早
着替えの練習を積み重ねる。

発注

上演

観劇

利用者

チケットを仕入れる

チケットを購入

チケットを販売

遊びに行く

サービス対応

出演依頼

演出家

舞台の演目に合わせて、舞台衣裳を発
注する。舞台稽古では、仕上がった衣
裳がどのように見えるかチェックする。

チケットを仕入れる

チケット仕入営業 P.28

公演を行う劇団や芸能事務所、イベントの制作会
社に営業を行い、チケットを仕入れる。公演の宣伝
を行い、チケットを販売していく。

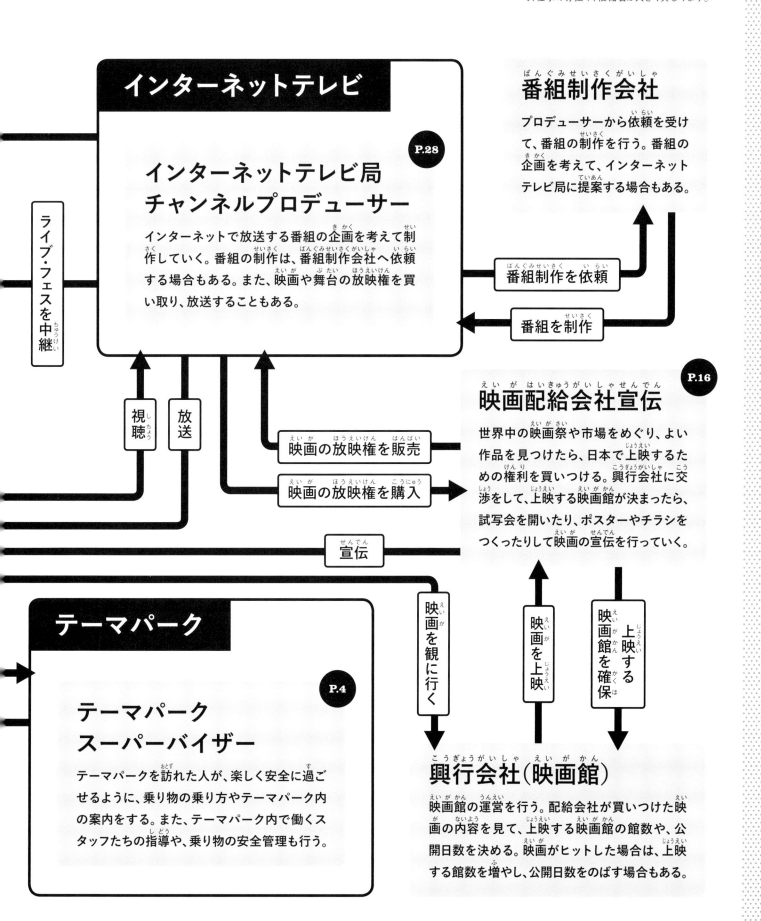

※このページの内容は一例です。会社によって、仕事の分担や、役職名は大きく異なります。

インターネットテレビ

P.28

インターネットテレビ局
チャンネルプロデューサー

インターネットで放送する番組の企画を考えて制作していく。番組の制作は、番組制作会社へ依頼する場合もある。また、映画や舞台の放映権を買い取り、放送することもある。

番組制作会社

プロデューサーから依頼を受けて、番組の制作を行う。番組の企画を考えて、インターネットテレビ局に提案する場合もある。

番組制作を依頼

番組を制作

ライブ・フェスを中継

視聴

放送

映画の放映権を販売

映画の放映権を購入

宣伝

P.16

映画配給会社宣伝

世界中の映画祭や市場をめぐり、よい作品を見つけたら、日本で上映するための権利を買いつける。興行会社に交渉をして、上映する映画館が決まったら、試写会を開いたり、ポスターやチラシをつくったりして映画の宣伝を行っていく。

映画を観に行く

映画を上映

上映する映画館を確保

テーマパーク

P.4

テーマパーク
スーパーバイザー

テーマパークを訪れた人が、楽しく安全に過ごせるように、乗り物の乗り方やテーマパーク内の案内をする。また、テーマパーク内で働くスタッフたちの指導や、乗り物の安全管理も行う。

興行会社（映画館）

映画館の運営を行う。配給会社が買いつけた映画の内容を見て、上映する映画館の館数や、公開日数を決める。映画がヒットした場合は、上映する館数を増やし、公開日数をのばす場合もある。

夢の仕事に就くために

▶ 変わっていくエンタメビジネス

エンターテインメントの世界に今、大きな変化が起きています。例えば、音楽を楽しみたいと思ったら、以前はCDを買ったり、借りたりして聴くのが一般的でした。ところが、インターネットの発展によって、音楽配信サービスが登場し、1曲ずつ音楽データをダウンロードして聴く人が増えてきました。最近では、サブスクリプション方式といって、月額〇〇円というように、一定の利用料を支払えば、契約期間内は提供されている曲が聴き放題になるサービスが人気です。そのため、CDの売り上げ自体はじょじょに減っていますが、音楽を聴く人が減っているわけではありません。

一方、映画やドラマも、最近はNetflix、Hulu、Amazonプライム・ビデオ、Abemaプレミアムなどサブスクリプション方式の映像配信サービスで観る人が増えています。

つまり、時代の変化によって音楽も映像も入手方法は変わりつつありますが、エンターテインメントが人々を魅了する巨大産業であることに変わりはないのです。

▶ エンタメから学んだ表現力を活かす

みなさんの好きなエンターテインメントは何ですか？私は落語が好きです。落語に出合ったのは高校時代です。週1回のクラブ活動で、入りたいものがとくになくて落語クラブに入ったのがきっかけです。そのクラブ活動は、先生が落語のレコードを持ってきて教室で流すだけだったのですが、あるとき桂米朝の『軒づけ』を聴いたのです。すごくおもしろくて、「これはすごい！」と思って桂米朝にハマりました。それから落語が大好きになり、落語研究会のある大学に進み、学生時代には落語家として活動していました。

大学卒業後、私は教師になりました。教師は話術で子どもの心をひきつける必要があります。そのときに「間」のとり方、声の抑揚、視線、切り返しなど、落語で身につけた話術が活かされていると感じることがありました。

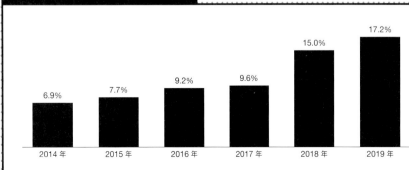

有料動画配信サービスの利用率

2014年	2015年	2016年	2017年	2018年	2019年
6.9%	7.7%	9.2%	9.6%	15.0%	17.2%

左のグラフは、3か月以内にNetflix、Hulu、Amazonプライム・ビデオ、Abemaプレミアム、などの有料の動画配信サービスを利用したことがあるかという調査の結果。2018年から急速に増えていることがわかる。今後も増え続けると予想される。

出典：『動画配信ビジネス調査報告書2019』（インプレス総合研究所）インターネット利用者を対象に、インターネット調査を実施。2019年は2万2710人の回答があった。各年、どのくらいの人が3か月以内に動画配信サービスを利用したか、その比率を示している。

アメリカの音楽フェス「コーチェラ・フェスティバル2018」に出演した歌手ビヨンセ。このフェスはYouTubeで中継され、のべ4300万人が視聴した。その後ビヨンセのライブはNetflixでドキュメンタリー作品となり、配信初日は、アメリカだけで110万人が視聴した。

Photo by Kevin Winter/Getty Images for Coachella

エンターテイナーの表現力から私たちが学べることはたくさんあります。今、興味をもっているエンターテイナーがいるのなら、その人のこと、その人が取り組んでいる「芸」をもっと深く知ろうとしてください。その人から学んだことを将来、仕事で活かせる可能性が十分あります。

▶ 「好き」が仕事につながる

エンターテインメントの世界に興味をもっている生徒たちに伝えたいのは、ステージの上でスポットライトを浴びるエンターテイナーだけで、その舞台がつくられているわけではないということです。自分がエンターテイナーにならなくても、この業界で働くことはできるのです。

この本に出てくる人たちはみな、夢の舞台を「つくる側」もしくは「支える側」に注目して、進路を決めてきました。チケットを販売するぴあで働いている人は、「私は、小さいころからアイドルが好きで、コンサートや舞台をよく観に行っていました。そして、コンサートや舞台が行われるまでの仕組みについて学ぼうと思いました。そのなかで、チケットの販売を行う会社があることを知りました」と話します。子どものころからの夢を、仕事につなげたのです。

また、GAGAで働く人は大学時代のカナダ留学がきっかけになっています。「ちがう国のちがう環境で暮らしている人たちが感動を分かち合えるところに映画の力を感じ、観る側から届ける側になりたいと思うようになりました」と語り、映画の魅力を伝える「宣伝」の仕事をしています。

映画、音楽、舞台、テーマパーク……エンターテインメントの世界は、けっして広く門戸が開かれているわけではなく、だれもが就職できるわけではありません。しかし、「つくる側」「支える側」に目を向けることで、エンターテインメントが将来の仕事につながる可能性は十分あります。「好き」になった気持ちを大切にしながら、作品やショーの中身だけでなく、それをとりまくビジネスや、社会情勢にまで目を向けてみると、夢の仕事へとつながるヒントが見つかるかもしれません。

PROFILE
玉置 崇

岐阜聖徳学園大学教育学部教授。愛知県小牧市の小学校を皮切りに、愛知教育大学附属名古屋中学校や小牧市立小牧中学校管理職、愛知県教育委員会海部教育事務所所長、小牧中学校校長などを経て、2015年4月から現職。数学の授業名人として知られる一方、ICT活用の分野でも手腕を発揮し、小牧市の情報環境を整備するとともに、教育システムの開発にも関わる。文部科学省「校務におけるICT活用促進事業」事業検討委員会座長をつとめる。

構成／林孝美

さくいん

あ

アーティスト …………………14、22、23、25、26、27、39

アイドル …………………………… 34、36、38、39、43

アクション映画（えいが） ……………………………………17

アトラクション ………………………… 4、5、6、7、9

アプリ ……………………………………… 7、26、29

イベント …………… 17、19、20、22、23、24、25、27、28、34、35、36、38、40

インターネットテレビ局チャンネルプロデューサー… 28、41

インディペンデント映画（えいが） ……………………………17

ウェブ解析士（かいせきし） ……………………………… 36

映画館（えいがかん）…………………………16、17、18、41

映画配給会社宣伝（映画宣伝）（えいがはいきゅうがいしゃせんてん・えいがせんてん） …… 16、17、19、20、21、41

演出家（えんしゅつか） ………………………………… 11、40

エンタメ ………… 28、29、31、37、38、39、40、42

オープンキャンパス ………………………………………15

音楽フェスグッズ企画（きかく） ………………… 22、23、25、40

音楽フェスティバル（フェス） …… 22、23、24、25、26、27、40、41、43

か

グッズ ………… 7、22、23、24、25、26、27、30、36、40

芸能事務所（げいのうじむしょ） ……………………… 35、36、40

劇団（げきだん） ………………… 10、11、13、34、35、40

公演（こうえん）………… 11、12、13、14、23、35、36、37、38、39、40

興行会社（こうぎょうがいしゃ）………………………………………41

コスチューム ………………………………………… 7

コンサート ………………………… 34、36、37、39、43

さ

サブスクリプション方式 ……………………………… 42

出演者（しゅつえんしゃ） ………… 10、11、12、13、20、35、37、40

ショー ……………………………………… 7、11、43

職場体験（しょくばたいけん） ……………… 9、15、21、26、27、33、39

ステージ …………………………………… 24、43

スポーツ ………………………… 18、28、29、34、35

スポンサー企業（きぎょう） ………………………… 25

た

タイアップ ……………………………………………17

チケット仕入営業（しいれえいぎょう） ………………… 34、35、40

ＤＶＤ（ディーブイディー） ……………………………… 33、38

ディレクター ……………………………… 36、38

テーマパークスーパーバイザー ……………… 4、5、41

特殊メイク（とくしゅ） ……………………… 12、14、15

トップスター …………………………………………11

な

日本映画（にほんえいが） ……………………………………17

は

バーチャルリアリティー …………………………… 30、32

配信（はいしん） ………… 18、29、31、36、42、43

ハリウッド映画（えいが） ……………………… 12、14

番組制作会社（ばんぐみせいさくがいしゃ） ………………………………41

被服製作技術検定（ひふくせいさくぎじゅつけんてい） ……………………………12

舞台（ぶたい） ……… 6、8、10、11、12、13、14、15、17、19、24、34、36、37、39、40、41、43

舞台衣裳スタッフ（ぶたいいしょう） ………………… 10、11、13、40

プロデューサー ………… 19、28、29、31、33、36、37、41

ポスター ………… 17、18、21、23、24、26、36、41

ま

マスコミ・メディア ………………………17、19、25、31

ミュージカル …………………………………………11

メジャー映画（えいが） ……………………………………17

ら

ライブ …… 22、23、24、25、26、28、37、38、39、40、41、43

落語 ………………………………………………… 42

ラブストーリー ……………………………………………17

【取材協力】

株式会社オリエンタルランド　http://www.olc.co.jp/
株式会社宝塚舞台　https://www.takarazuka-butai.co.jp/
ギャガ株式会社　https://www.gaga.co.jp/
株式会社クリエイティブマンプロダクション　https://www.creativeman.co.jp/
株式会社AbemaTV　https://abematv.co.jp/
ぴあ株式会社　https://corporate.pia.jp/

【写真協力】

ギャガ株式会社　p18
AbemaTV　p29
ぴあ株式会社　p35
Getty Images　p43

【解説】

玉置 崇（岐阜聖徳学園大学教育学部教授）　p42-43

【装丁・本文デザイン】

アートディレクション／尾原史和
デザイン／石田弓恵・加藤 玲

【撮影】

平井伸造

【執筆】

小川こころ　p4-9、p16-21、p34-39
遠山彩里　p22-23
林 孝美　p42-43

【企画・編集】

西塔香絵・渡部のり子（小峰書店）
常松心平・和田全代・一柳麻衣子・中根会美・三守浩平（オフィス303）

キャリア教育に活きる!

仕事ファイル26
エンタメの仕事

2020年 4 月 7 日　第 1 刷発行
2022年 2 月20日　第 2 刷発行

編　著　小峰書店編集部
発行者　小峰広一郎
発行所　株式会社小峰書店
　　　　〒162-0066東京都新宿区市谷台町4-15
　　　　TEL 03-3357-3521　FAX 03-3357-1027
　　　　https://www.komineshoten.co.jp/
印　刷　株式会社精興社
製　本　株式会社松岳社

©Komineshoten
2020 Printed in Japan
NDC 366　44p　29×23cm
ISBN978-4-338-33306-1